L'Aquarelle

POUR DÉBUTANTS ET INITIÉS

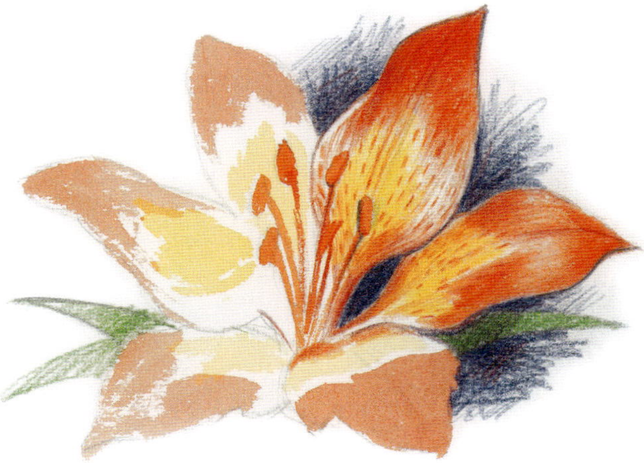

L'Aquarelle

POUR DÉBUTANTS ET INITIÉS

p

Parragon Books Ltd
Queen Street House
4 Queen Street
Bath, BA1 1HE
Royaume-Uni

Créé par Design Pricipals
Texte de Angela Gair et Theodora Philcox
Dessins de Terry Longhurst

Réalisation : ML Éditions, Paris
Traduction : François Poncioni

ISBN : 978-1-4054-8918-8

Imprimé en Chine
Printed in China

Sommaire

Introduction

Dessiner et peindre font partie des premières aptitudes que nous développons à l'enfance. Par elles nous communiquons, exprimons nos pensées ou jouissons simplement de la magie des couleurs.

Bien que le monde dans lequel nous vivons soit abondamment rempli d'images visuelles, notre culture donne la priorité à la parole et à l'écriture. À l'âge adulte, nous perdons la liberté avec laquelle nous avons dessiné quand nous étions enfants, et nous nous trouvons embarrassés devant notre apparente incompétence. Beaucoup renoncent. Pourtant, avec du temps et de la pratique, chacun peut dessiner et peindre. Ce livre est destiné à nous montrer comment y parvenir. L'aquarelle est l'une des plus anciennes techniques picturales, et elle demeure la plus populaire.

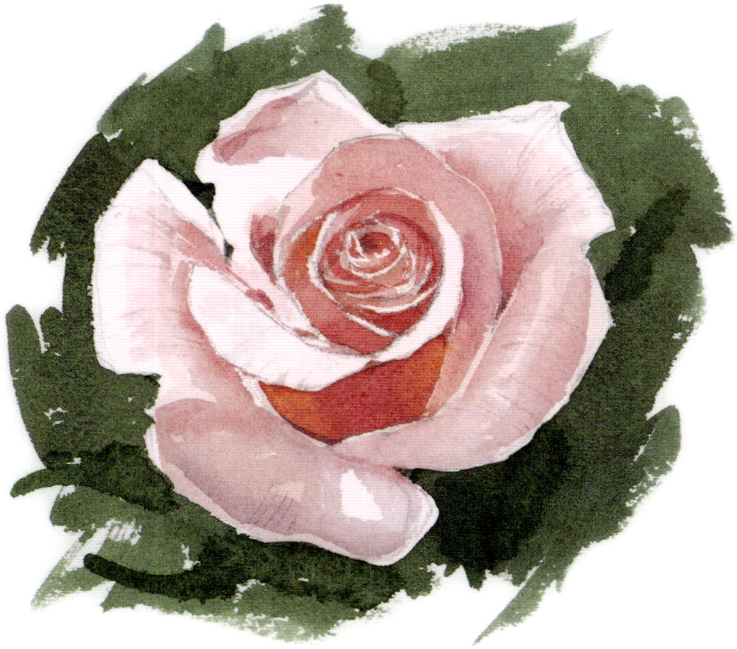

Elle est appréciée depuis des siècles pour sa facilité d'utilisation et sa luminosité, qui en font le procédé idéal pour les études en couleurs spontanées, en particulier pour saisir les variations de lumière et les couleurs de la nature. De plus, elle permet d'obtenir des résultats allant de la brillante vibration à la nuance subtile et délicate, ce qui la rend propre à un large éventail de styles. En outre, l'aquarelle ne nécessite qu'un matériel réduit, elle salit peu et, à ses débuts, emploie les techniques apprises dans notre enfance.

Une peinture réussie dépend largement d'un dessin achevé, et ce livre vous apprendra ces deux aspects. Il vous indiquera les formes de base et leur interprétation par le contour et la tonalité, et vous apprendra comment créer une composition intéressante et utiliser les perspectives.

Lorsque vous aurez assimilé ces éléments de base, vous pourrez laisser votre créativité s'exprimer, et vous commencez à tracer votre

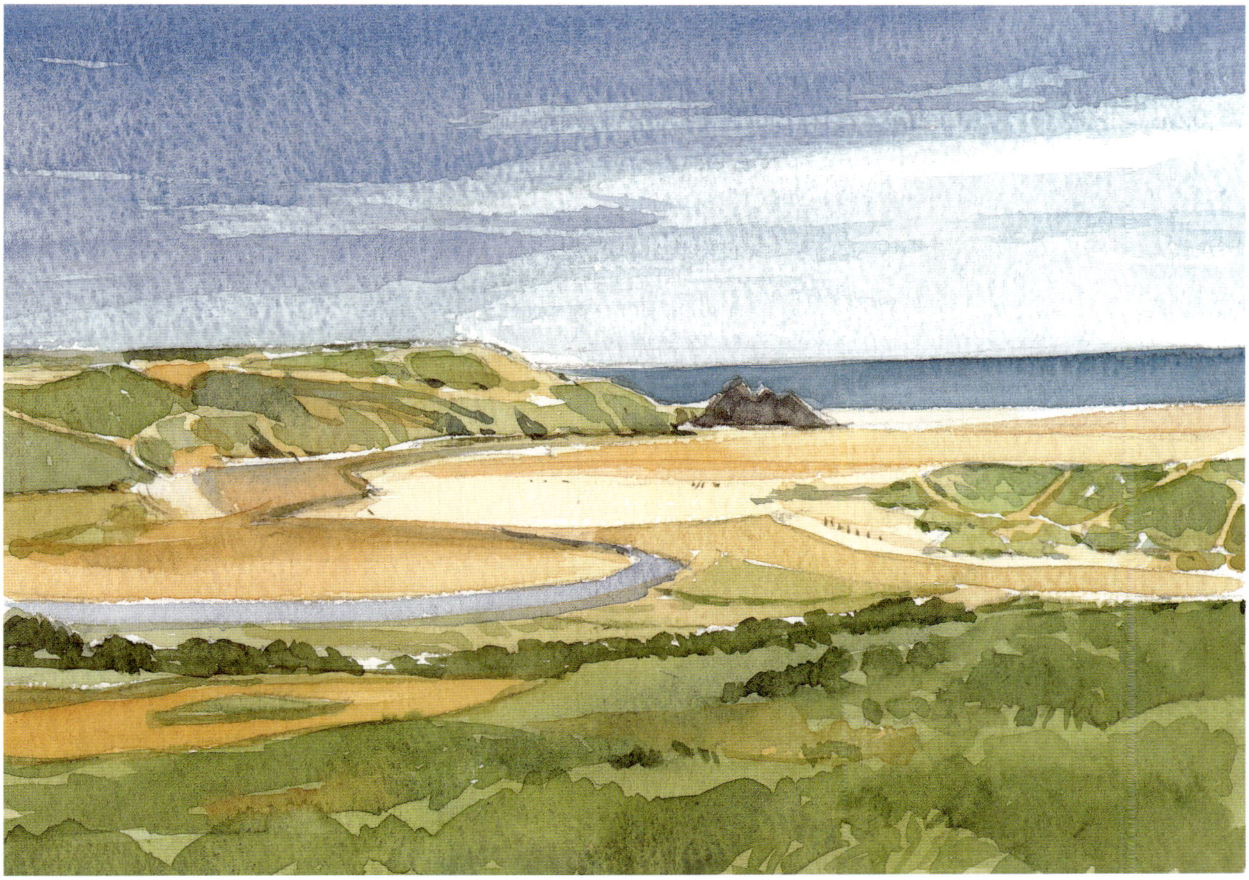

propre voie, à transgresser les règles et à découvrir votre représentation personnelle de notre monde.

Comme chaque aptitude, la faculté de dessiner et de peindre avec succès n'apparaît pas par magie ! Vous avez besoin d'apprendre à « regarder », et pour cela il faut une grande pratique. Faites de rapides croquis, assis dans un parc ou au café, dessinez votre famille ou vos animaux de compagnie, à votre travail ou pendant vos loisirs ; visitez des galeries de peinture et étudiez les illustrations de livres ou de magazines. Vous aurez peu à peu une vision d'artiste, et les résultats pourront vous surprendre !

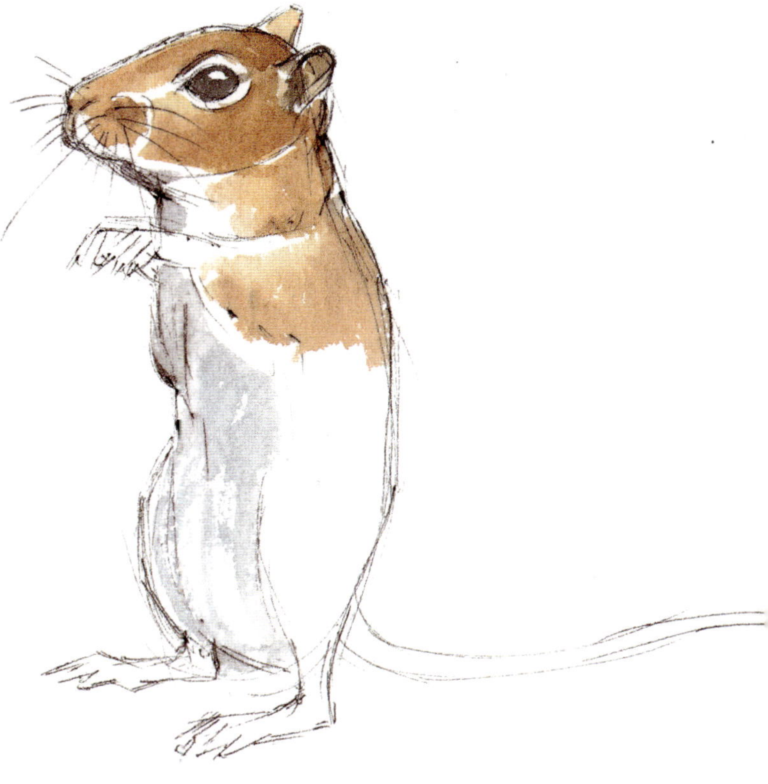

Pour commencer…

Le crayon est l'outil qui nous est le plus familier. Polyvalent, il peut produire une gamme infinie de lignes et de nuances. Les dessins au crayon peuvent être réalisés avec des lignes simples, avec des aplats sans contours, et bien d'autres techniques intermédiaires.

La qualité d'un trait de crayon peut varier selon la catégorie de celui-ci, sa finesse, la façon de le tenir, le degré de pression exercée et la texture du papier. Les crayons à dessin sont classés selon leur consistance : H pour dur et B pour tendre. Le HB (degré moyen) est d'usage courant, tandis que le BB (très tendre) permet de nombreux effets linéaires ou de tonalité. Les mines dures sont parfaites pour des lignes et des détails précis, mais sont moins polyvalentes que les tendres.

Vous pourrez aussi employer des crayons de couleur. Ils conviennent bien pour les esquisses, car ils sont propres, facilement transportables et permettent des touches de couleur sans avoir les inconvénients de l'eau. Les crayons les plus coûteux ont des mines de plomb tendres, qui donnent la gamme de tons des crayons au graphite. Achetez-les un par un et essayez des marques différentes pour trouver ceux qui vous conviennent le mieux. Vous pouvez aussi prendre des crayons aquarellables de couleur, intermédiaires entre le dessin et l'aquarelle. Très pratiques pour peindre à l'extérieur, ils vous permettront d'obtenir de nombreux effets.

Il existe bien d'autres matériels que vous pouvez essayer. Le fusain vous permettra d'obtenir des traits subtils ou vigoureux et peut facilement être effacé en cas d'erreur. Les pastels combinent le contrôle du crayon avec les larges possibilités de mélange et d'intensité de la peinture. Choisissez-les avec soin, car certains sont

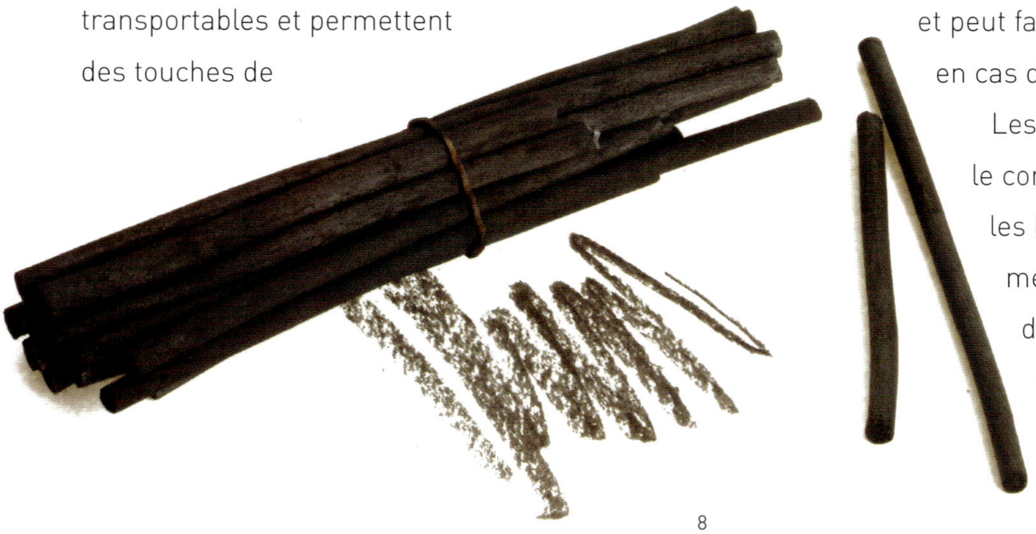

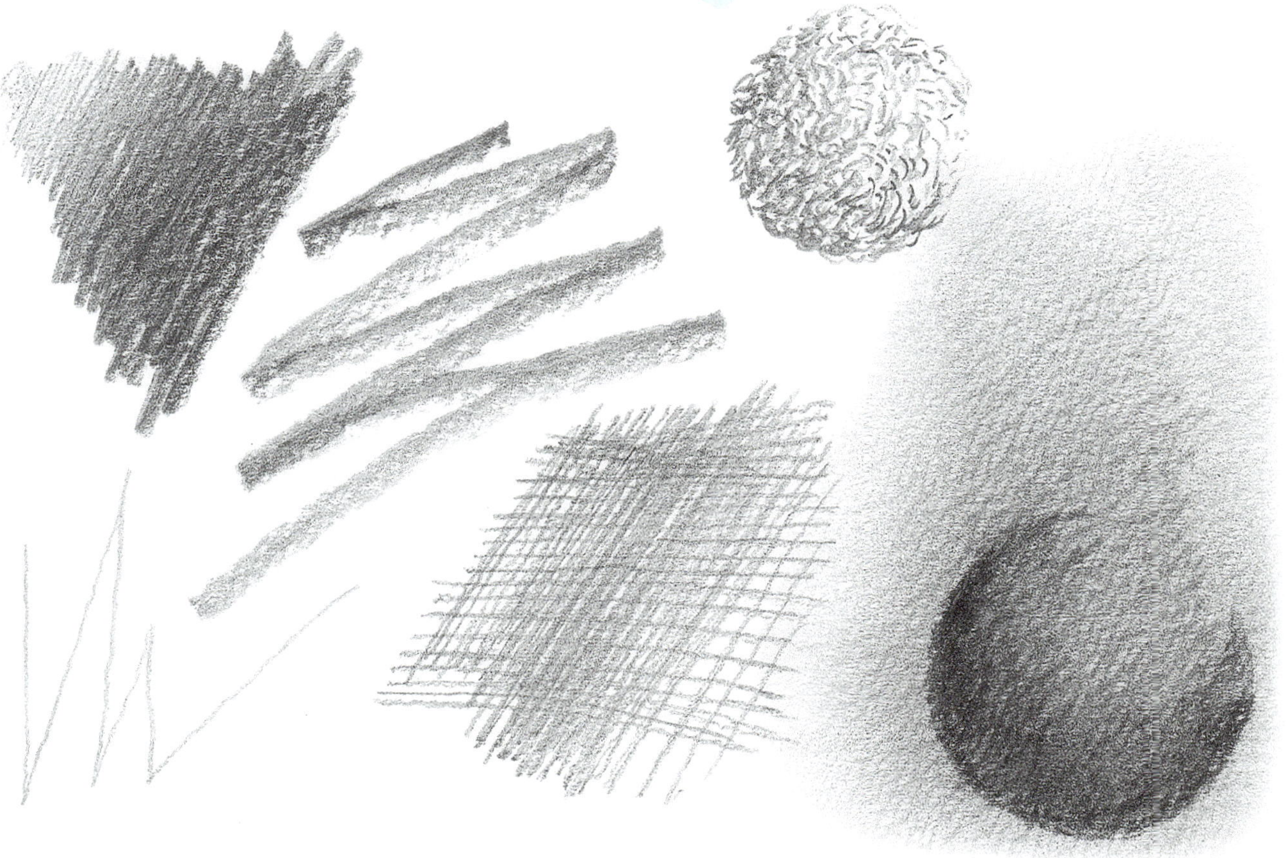

plus durs que d'autres. Les pastels à l'huile produisent d'épaisses marques onctueuses, aux couleurs intenses, mais ils se mélangent difficilement et peuvent donner des résultats grossiers. Beaucoup d'artistes combinent la plume et le lavis à l'encre, en utilisant la plume traditionnelle, ou le plus moderne stylo à bille ou à pointe feutre pour le dessin technique. On peut également rehausser des images imprécises ou détaillées par une accentuation des tonalités.

Au cours de l'histoire, les artistes ont utilisé toute chose pouvant servir à dessiner. Expérimentez tous ces moyens et n'ayez d'autres limites que celles de votre imagination, qui est sans doute très vaste...

Les crayons peuvent fournir un large assortiment de marques, du simple trait aux tonalités créées par mélange de crayons tendres, par pression ou par frottement du doigt ou d'un linge. Essayez différents types de crayons, en les employant sur le côté pour des traits larges ou sur la pointe pour des lignes plus précises. Des hachures plus ou moins serrées créent différentes zones d'ombres.

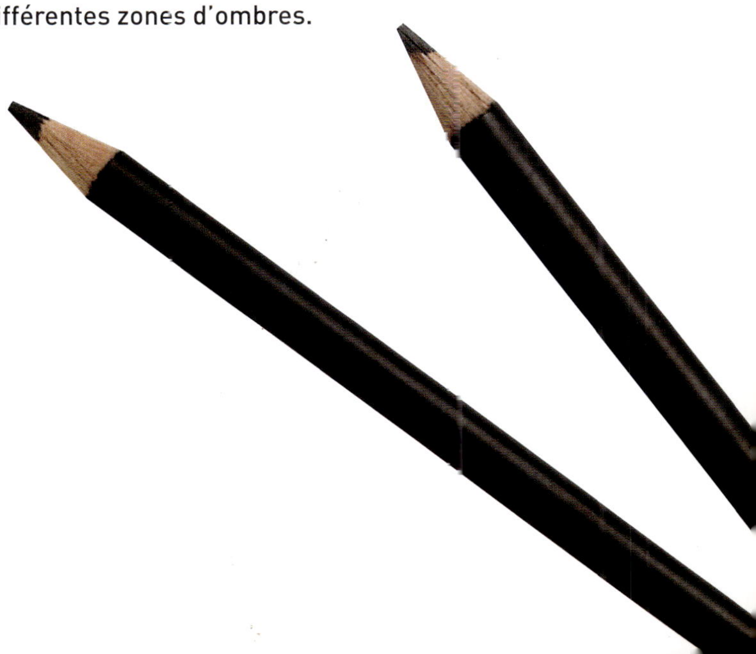

Les couleurs

On peut trouver des couleurs à l'aquarelle en godets (petites briques de peinture solide) ou en tubes, à l'unité ou en assortiment. Il existe deux qualités de couleurs : pour artistes ou pour amateurs. La première contient une plus grande concentration de pigments et donne une couleur plus intense, plus lumineuse et plus transparente que la seconde.

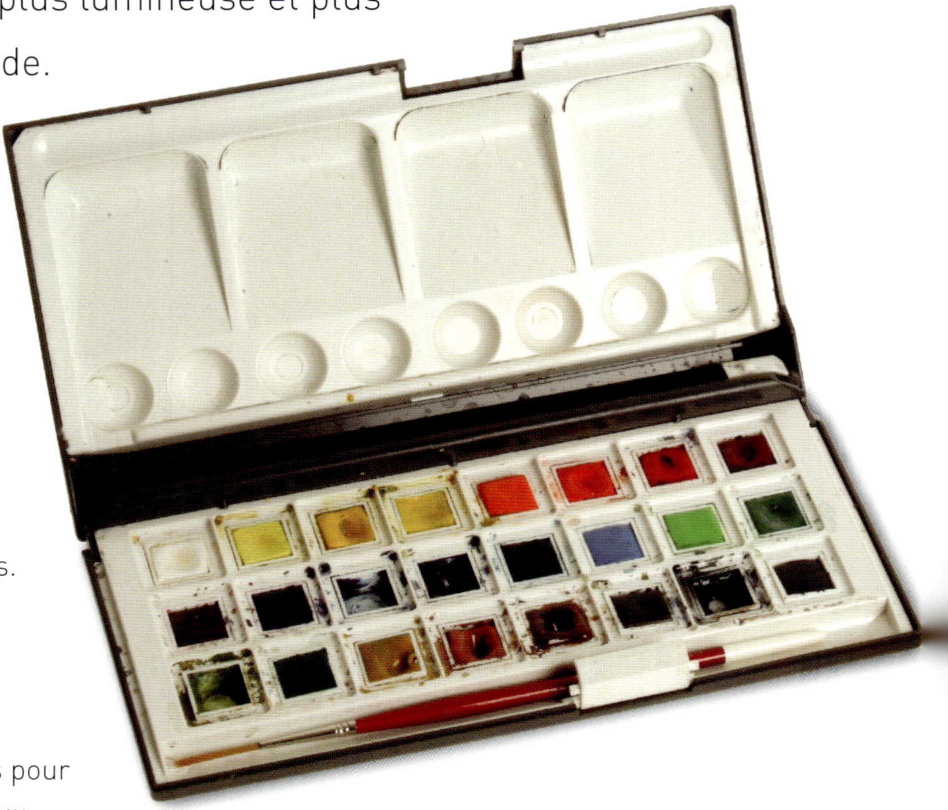

Beaucoup d'artistes conseillent de débuter avec des couleurs de qualité, mais leur coût sera peut-être un obstacle lors de vos premières expériences. Essayez diverses qualités et comparez vous même. Testez aussi différentes marques. Il y a de sérieuses différences entre elles.

Vous obtiendrez également des résultats différents suivant le type de papier utilisé. Pour les croquis, tous les papiers conviennent, mais pour l'aquarelle, et afin d'obtenir les meilleurs résultats, les papiers spéciaux s'imposent. Le papier pour aquarelle pressé à froid a une surface semi-rugueuse, absorbe bien l'humidité et convient bien aux détails. Le papier à gros grain ou rugueux a une surface qui supporte mieux la couleur : on obtient une peinture plus texturée, la couleur pénétrant dans les creux ou glissant sur les aspérités, en laissant des mouchetures de blanc. Le papier pressé à froid est le plus polyvalent et le plus facile d'emploi pour un débutant. Un troisième type de papier pressé à chaud a une surface plus ferme et plus lisse, sur laquelle la peinture glisse.

Il convient pour une œuvre détaillée, mais non pour une peinture plus libre.

Les papiers se présentent sous différents formats. Pour éviter que le papier ne fasse des poches ou ne gondole, il devra être d'un poids supérieur à 140 g par mètre carré. Les papiers plus légers devront être tendus sur une planche, afin qu'ils demeurent bien plats après usage.

Les pinceaux

Munissez-vous des meilleurs pinceaux : ils durent longtemps et vous permettront d'obtenir de bons résultats. Ils doivent pouvoir se charger de suffisamment de couleur pour l'étendre pleinement, être souples et avoir une bonne pointe pour donner une marque nette s'il en est besoin. Le pinceau en poils de martre est le meilleur, bien que le plus coûteux ; mais il existe aussi de très bons pinceaux synthétiques.

Vous pouvez d'emblée vous procurer un assortiment de pinceaux, mais, pour débuter, le plus simple est d'utiliser un pinceau rond, que l'on peut aussi bien exploiter pour de larges touches que pour des détails. Ensuite, des pinceaux de tailles 3, 5 et 12 vous feront un long usage. Vous y ajouterez plus tard un pinceau à poils de martre, pour les détails et les traits fins, et une brosse plate pour couvrir de grandes surfaces de couleur ou de lavis.

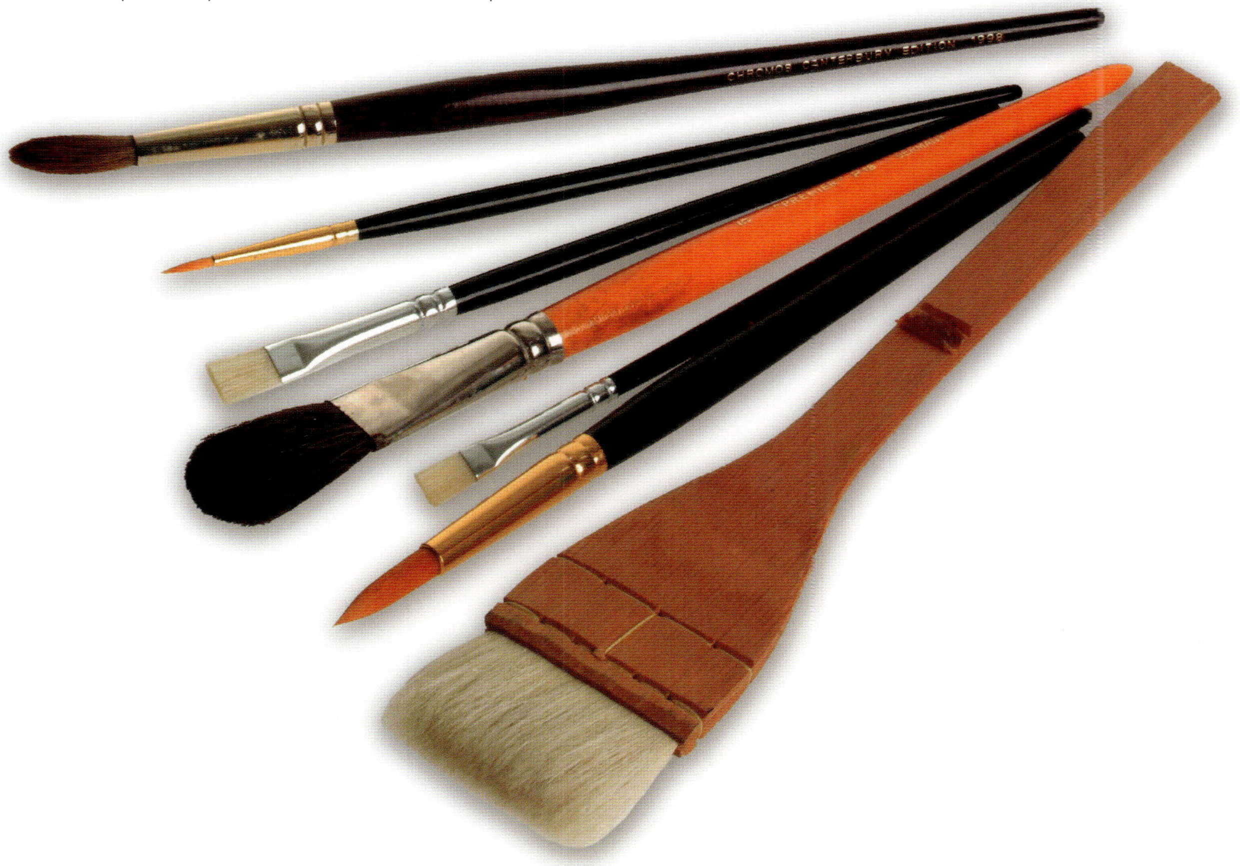

La tension du papier

Lorsque le papier est mouillé, ses fibres se gonflent et il gondole. Cela peut gêner votre travail, la couleur s'amassant dans les creux. Et lorsque la peinture est terminée et sèche, il ne revient pas à son état premier. Tout papier d'un poids inférieur à 140 grammes par mètre carré doit être tendu avant de commencer à peindre.

Tendre le papier est un procédé simple. Il suffit de l'humidifier puis de le fixer sur une planche. En séchant, il se contracte et retrouve sa surface lisse. Les papiers de moins de 140 grammes gondolent quand on les mouille s'ils ne sont pas fixés.

Pour préparer votre support, il vous faut :

- Une feuille de papier pour aquarelle
- Une planche à dessin plus grande que le papier
- Une bande de ruban adhésif (2 à 3 cm de large)
- Deux éponges (l'une pour mouiller le papier, l'autre pour le lisser)

1. Coupez 4 bandes de ruban adhésif, une pour chaque bord de la feuille, légèrement plus longues que les bords. Mettez-les de côté pour une utilisation ultérieure.

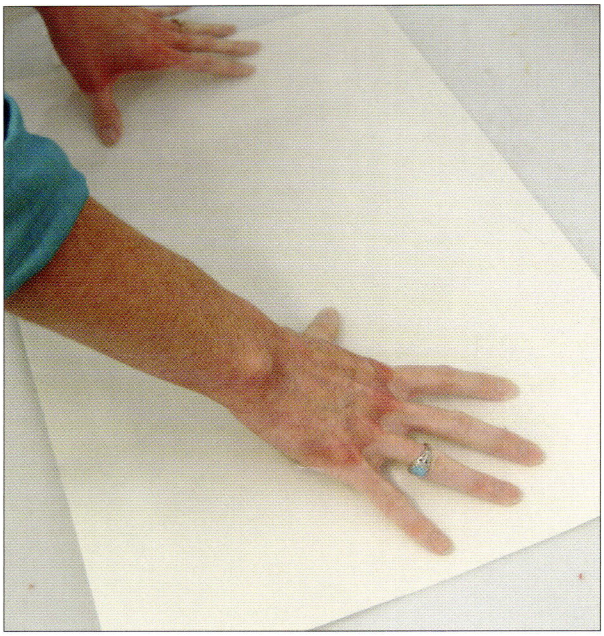

2. Plongez la feuille de papier dans de l'eau froide pendant 2 à 3 minutes (plus longtemps si le papier est plus lourd), afin de permettre aux fibres de bien gonfler.

3. Soulevez le papier, secouez-le doucement pour éliminer l'excès d'eau. Placez-le sur la planche à dessin, qui doit être bien à plat.

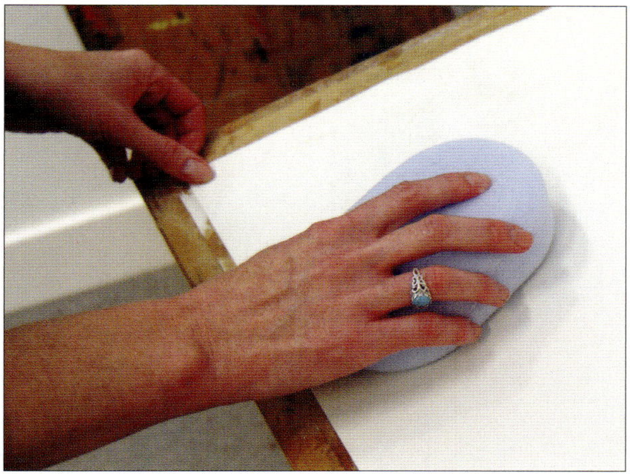

4. Lissez le papier avec une éponge propre ou avec les mains. Il ne sera probablement pas bien lisse tout de suite ; mais ne vous en souciez pas, il le deviendra en séchant.

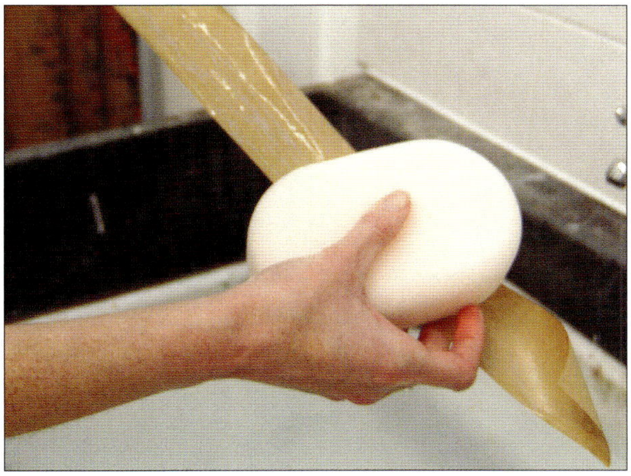

5. Humidifiez une bande de ruban adhésif avec l'autre éponge. Fixez-la sur un côté de la feuille, en collant un tiers de sa largeur sur le papier et le reste sur la planche. Cela empêchera le papier de glisser. Attention, si vous employez la même éponge pour mouiller le ruban adhésif et pour lisser le papier, vous risquez de laisser une pellicule de colle sur la surface à peindre.

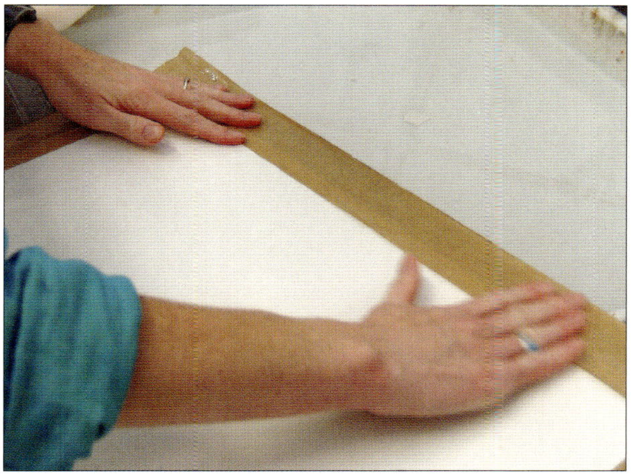

6. Collez les 3 autres côtés de la feuille de la même façon.

7. Ôter éventuellement l'excès d'humidité avec une éponge sèche. Laissez sécher pendant plusieurs heures, à plat et à l'écart d'une source de chaleur. Quand l'eau s'évapore, les fibres du papier se contractent, et celui-ci devient compact et lisse. S'il sèche trop vite, il peut repousser le ruban adhésif hors de la planche ou même le déchirer. Aussi ne soyez pas tenté d'utiliser un sèche-cheveux !

8. Vous pourrez retirer votre papier de la planche quand il sera bien sec, en coupant le ruban adhésif sur ses bords avec un cutter.

Petits conseils :

1. Utilisez des éponges de couleurs différentes, afin de ne pas les confondre.

2. N'employez que de l'eau froide pour humidifier votre papier. L'eau chaude peut enlever son apprêt, le rendant plus absorbant et donc inutilisable.

Lavis et techniques

Les lavis de couleur sont à la base de la peinture à l'aquarelle. Ce sont de fines couches de peinture, diluées pour augmenter leur transparence. Les pages qui suivent décrivent et illustrent une gamme de lavis et de techniques de peinture qui, lorsque vous les aurez maîtrisées, détermineront la méthode que vous utiliserez pour réaliser vos œuvres.

Il est important d'utiliser des peintures fluides et transparentes, et des couleurs brillantes et fraîches : il vous faudra employer beaucoup d'eau claire et rincer vos pinceaux après chaque application de couleur. Essayez de ne pas brouiller votre œuvre par trop de couleurs, retravaillez-la le moins possible afin de conserver la délicatesse des lavis. Prenez le temps de définir les étapes de votre travail et appliquez vos lavis rapidement et avec décision. La technique traditionnelle de l'aquarelle veut que l'on travaille du clair au foncé, avec des lavis larges et légers. Appliquez les tons moyens, puis les tons foncés, chaque surface devant être sèche avant de passer une autre couche de couleur.

Peindre « humide sur humide » est l'une des techniques essentielles de l'aquarelle. On peut passer de la couleur diluée sur du papier mouillé ou l'ajouter sur une autre surface peinte encore humide. Les couleurs s'interpénètrent, produisant ainsi des mélanges subtils.

Lavis uni

Un lavis uni est d'une seule couleur étalée uniformément. Il peut être obtenu en mouillant le papier, puis en passant un pinceau chargé de peinture diluée sur sa surface, en une seule application. Cela peut être répété plusieurs fois, chaque passage débordant légèrement sur le précédent pour atteindre le bord humide du précédent et s'y mélanger.

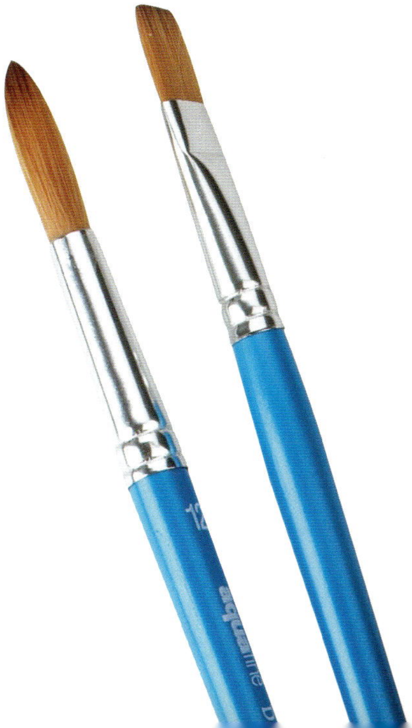

Lavis dégradé

Les lavis dégradés sont réalisés comme les unis, mais chaque couche est plus diluée que la précédente.

Les lavis peuvent être de deux ou plusieurs couleurs. Lorsque la première couche a été appliquée avec l'une d'entre elles, lavez le pinceau, puis passez la couleur suivante, en débordant légèrement sur la précédente et en mélangeant « humide sur humide ».

Lavis varié

Humide sur sec

Peindre humide sur sec permet d'obtenir des séparations nettes dans une peinture. Si de légères couches de couleur sont passées sur une surface sèche, on obtient des mélanges transparents intéressants, avec des couleurs plus intenses et lumineuses. C'est la technique du glacis.

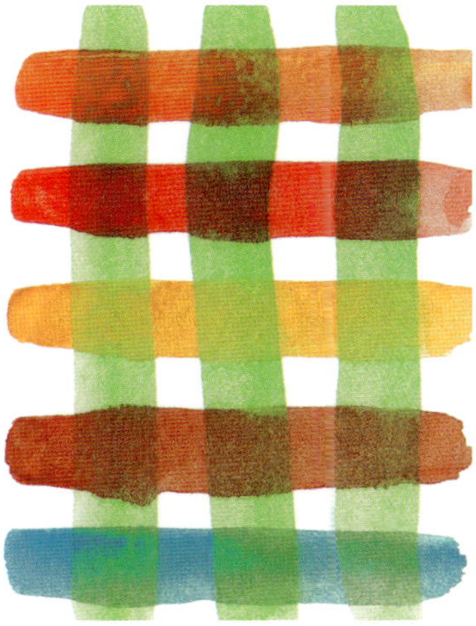

Glacis

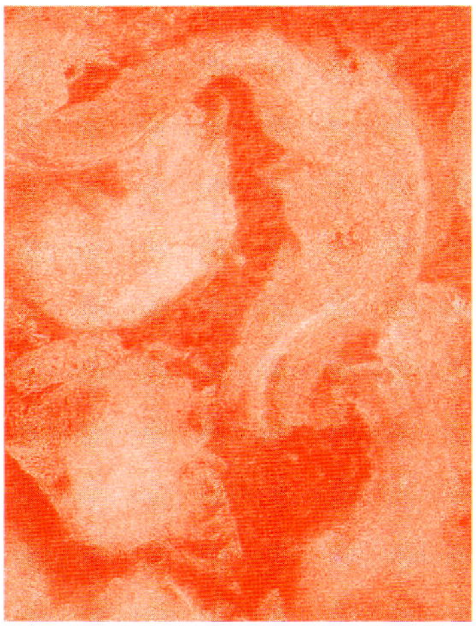

Ôter de la couleur

On peut appliquer la peinture avec une éponge pour des lavis, ou pour créer des surfaces texturées selon le degré de dilution de la couleur. Utilisez des éponges sèches ou mouillées pour ôter de la couleur, dans le but de créer des surfaces plus claires (pour des nuages, par exemple). On peut aussi employer du papier absorbant à cet effet.

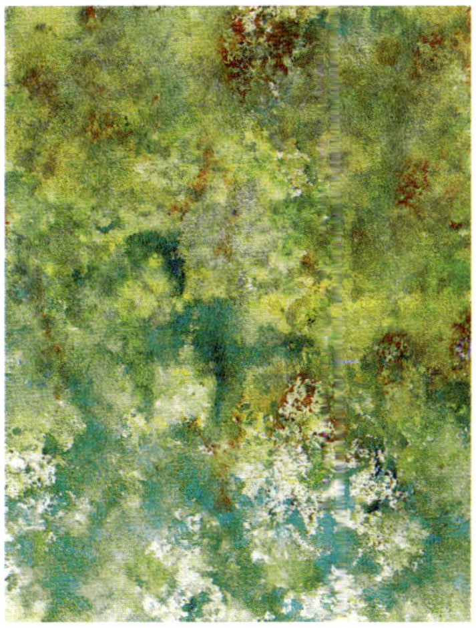

Épongeage

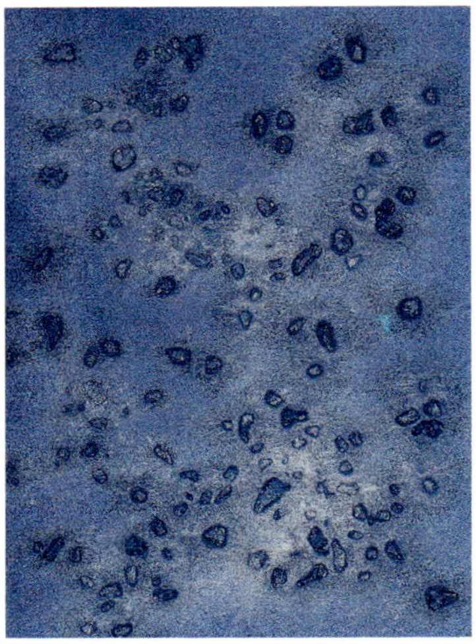

Sel

Répandez du gros sel sur de la peinture humide, ses cristaux absorberont celle-ci. Lorsque la peinture est tout à fait sèche, retirez le sel avec une brosse et vous obtiendrez des marques, variables suivant la grosseur des grains.

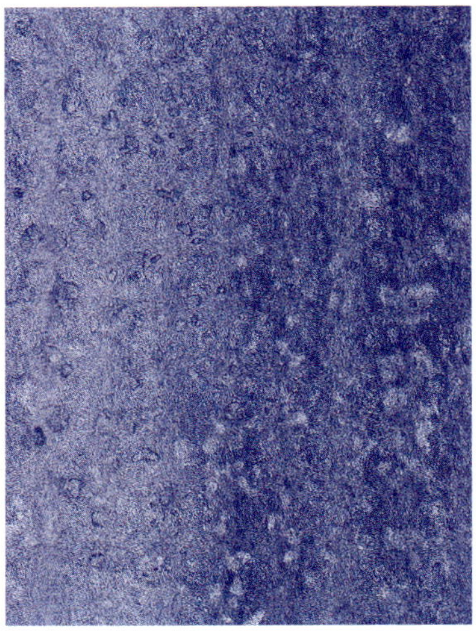

Sel

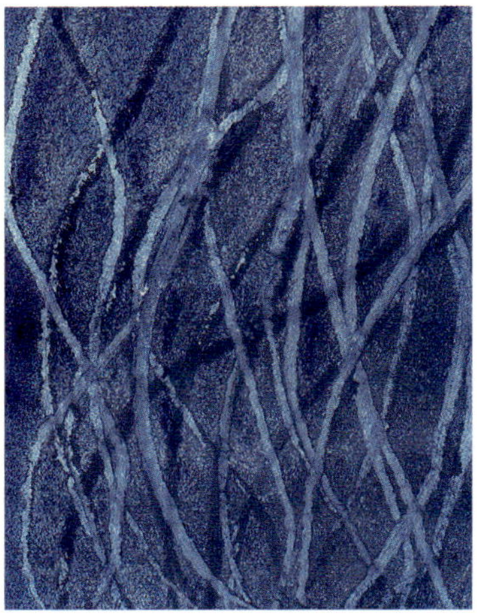

Grattage

Le grattage. Lorsque la peinture est sèche (ou presque), on peut en enlever avec l'ongle, une lame ou le bout du manche d'un pinceau, pour former des lignes ou des motifs constitués par des traits minces.

Si vous frottez une bougie sur votre papier et peignez par-dessus ensuite, la cire n'absorbera pas la peinture et laissera une texture irrégulière pouvant servir pour représenter murs ou rochers.

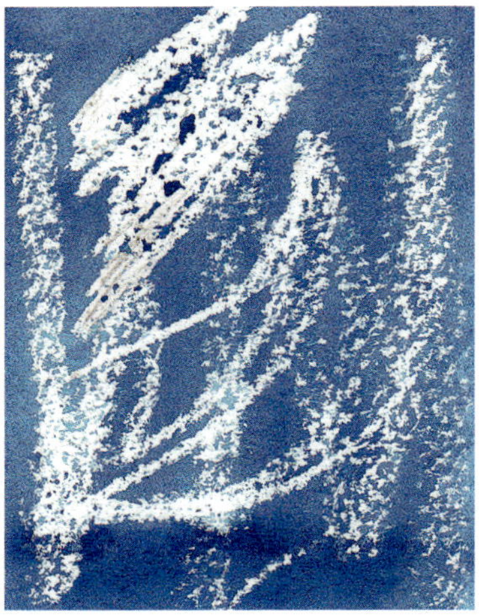

Cire

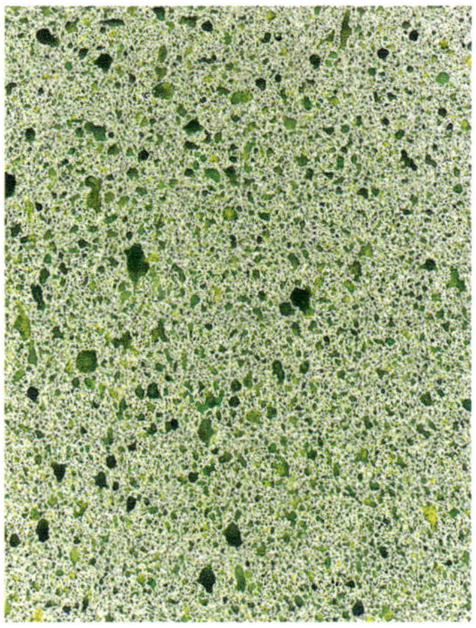

Projections

Vous pouvez obtenir des textures intéressantes en projetant de la couleur avec une brosse à dents ou un pulvérisateur. Plongez la brosse à dents dans la peinture, puis passez le pouce ou un morceau de carton sur ses poils : la peinture sera projetée en gouttelettes sur votre papier. Masquez les surfaces que vous voulez protéger.

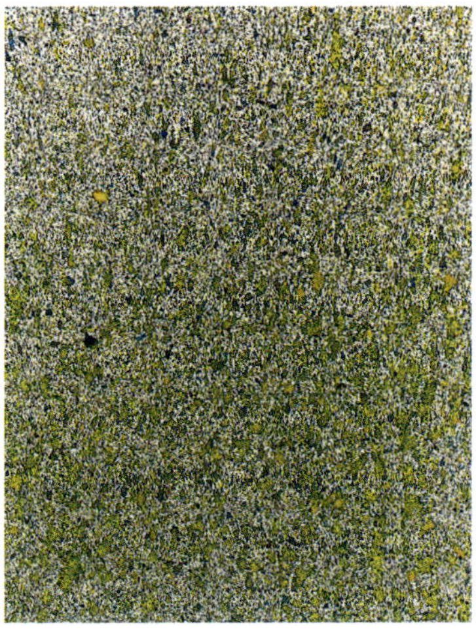

Projection fine

La couleur

La couleur peut aider à décrire les objets, mais aussi à suggérer une atmosphère. Le disque chromatique vous aidera à comprendre comment agit la couleur pour mieux vous exprimer.

Les couleurs essentielles sont les primaires – rouge, jaune, bleu –, ainsi nommées parce qu'elles ne peuvent pas être obtenues en mélangeant d'autres couleurs. Les couleurs secondaires sont obtenues en mélangeant deux primaires : le rouge et le jaune donnent l'orange, le jaune et le bleu donnent le vert, le rouge et le bleu donnent le violet.

Les couleurs qui se suivent sur le disque sont dites « harmonieuses » parce qu'elles partagent une couleur de base commune. Elles créent une image uniforme, sans tons discordants. Les paires de couleurs qui sont opposées l'une à l'autre sur le disque sont dites « complémentaires ». Placées côte à côte, elles se renforcent réciproquement : ainsi, une touche de rouge placée près d'un vert paraîtra plus vibrante.

Une moitié du disque comprend les couleurs « chaudes » – rouges, oranges et jaunes – et l'autre les couleurs « froides » – bleus, verts et violets. Les couleurs chaudes paraissant s'approcher et les froides s'éloigner, l'emploi de tons froids à l'arrière-plan accentue l'illusion de profondeur et crée une atmosphère dans les paysages.

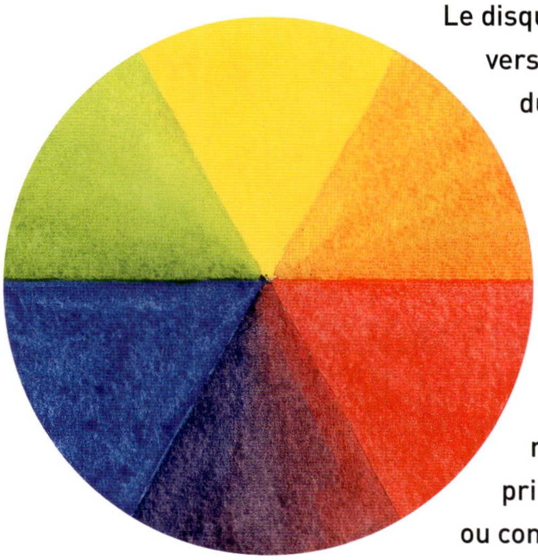

Le disque chromatique est une version simplifiée des couleurs du spectre, placées dans un cercle. C'est une référence commode pour comprendre la façon dont les couleurs réagissent entre elles. Leur disposition sur le disque montre les relations entre les couleurs primaires et leurs opposées, ou complémentaires, et leurs couleurs voisines.

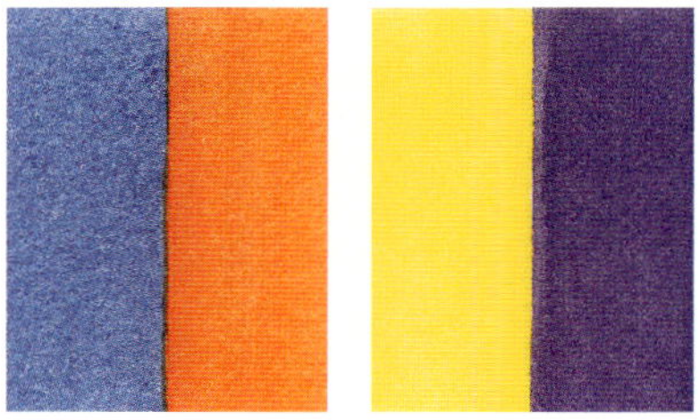

Les couleurs qui sont opposées sur le disque sont dites couleurs complémentaires. Lorsqu'une couleur et sa complémentaire sont placées l'une près de l'autre, elles se renforcent réciproquement ; mélangées, elles se neutralisent.

Les formes simples et leur interprétation

Les formes de base les plus rencontrées dans la nature sont le cube, la sphère, le cône et le cylindre. Elles vous serviront à simplifier votre vision des objets que vous peindrez.

Lorsque vous abordez des sujets difficiles – personnages, bâtiments et arbres, fruits et fleurs dans une nature morte –, visualisez-les d'abord comme des formes géométriques simples, cela vous aidera beaucoup. Tous les objets autour de nous combinent les courbes et les plans rencontrés dans la sphère, le cône, le cylindre et le cube. Une maison peut se réduire à un cube ; beaucoup de fruits sont sphériques ; une bouteille et un tronc d'arbre sont plutôt cylindriques ; des peupliers ont une forme conique. Apprendre à voir les objets sous leurs formes simples, pouvant être divisées en des formes plus petites et plus complexes, vous aidera à les peindre de façon plus aisée et plus précise.

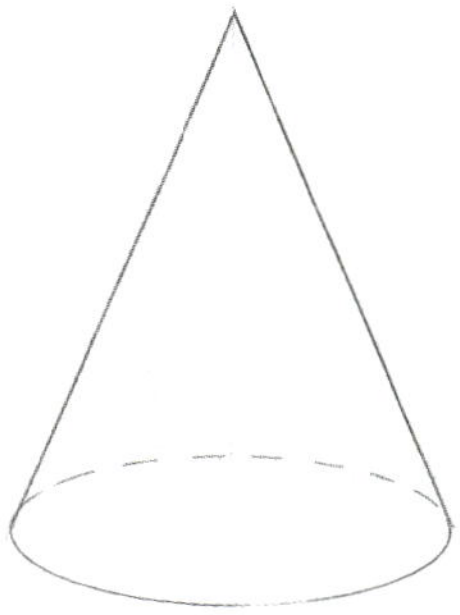

La différence entre des formes plates bidimensionnelles et des formes en relief tridimensionnelles réside dans la façon dont la lumière les éclaire et crée des ombres et des demi-teintes, révélant leurs plans et leurs surfaces. On représente cela en peinture par des tonalités et des ombres – en d'autres termes par des degrés de lumière ou d'obscurité.

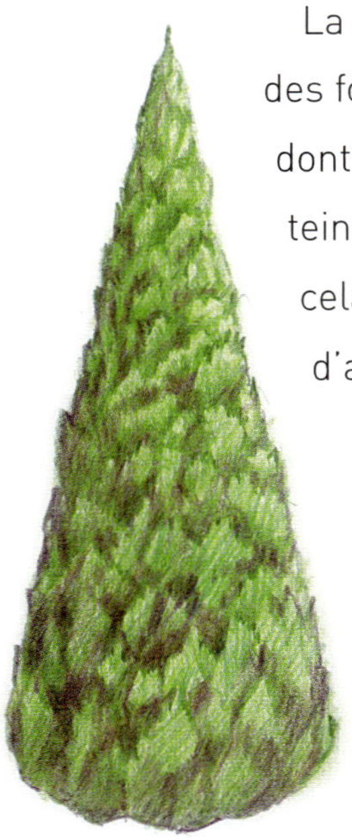

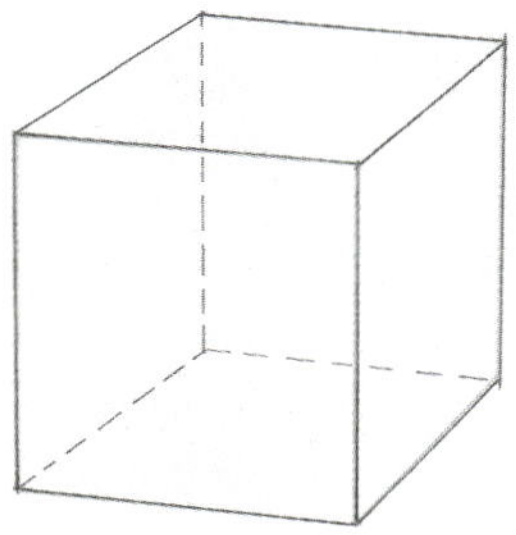

Toute forme peut être traduite en trois dimensions. Cézanne a dit : « Toutes les formes de tous les sujets peuvent se réduire à celles du cube, du cylindre, du cône et de la sphère. »

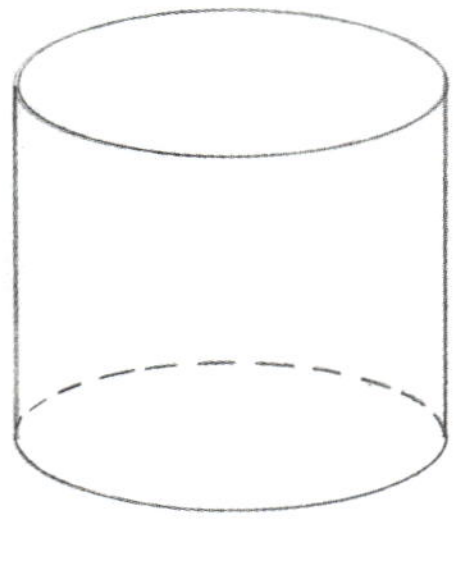

Ces quatre formes géométriques sont les plus rencontrées dans la nature. Elles peuvent faciliter votre approche de n'importe quel sujet, d'une fleur à un visage.

Modelez des formes en dessinant les contours des quatre formes de base, puis convertissez-les en objets en y ajoutant des ombres.

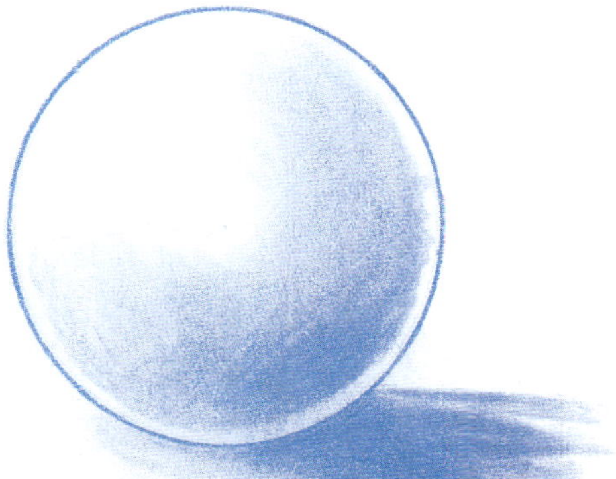

Sur des objets ronds, les tons changent graduellement en suivant la courbe de la surface lorsqu'elle s'éloigne de la lumière. Le point le plus clair est le plus proche de la source lumineuse.

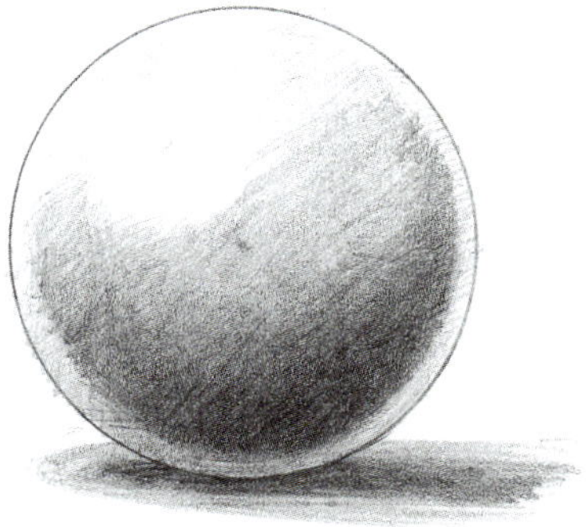

Passez du fusain sur la partie sombre de la sphère et écrasez-le du doigt en suivant sa courbe vers la lumière. Avec une gomme, marquez les reflets et la lumière réfléchie.

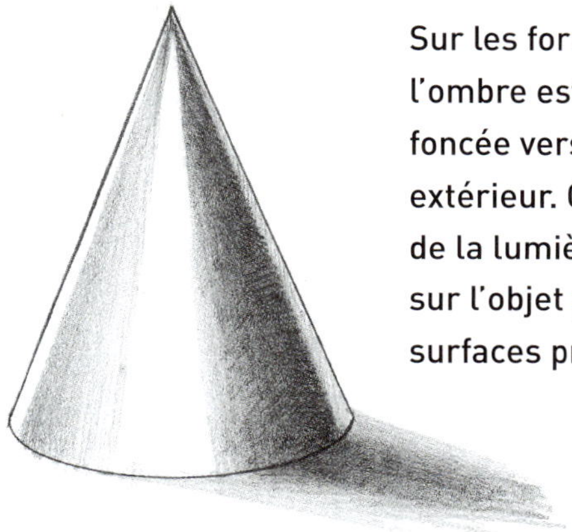

Sur les formes rondes, l'ombre est moins foncée vers le bord extérieur. Cela vient de la lumière réfléchie sur l'objet par d'autres surfaces proches.

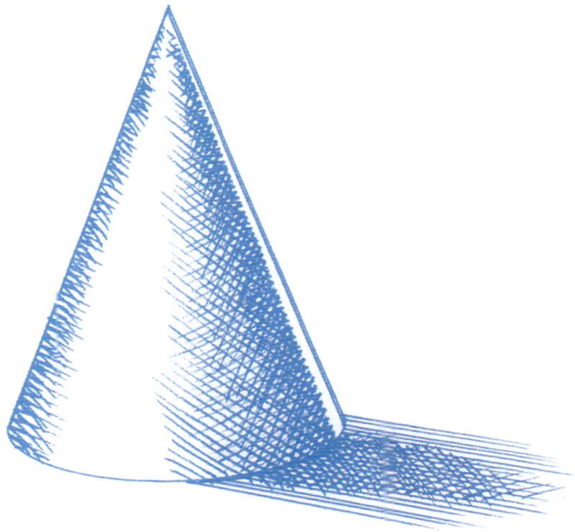

Lorsque les bords sont nets, comme dans le cube, les plans d'ombre et de lumière sont bien définis.

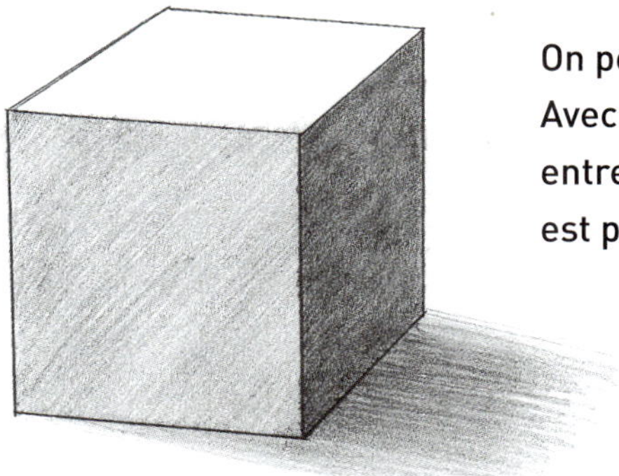

On peut marquer les tons par des lignes. Avec un crayon ou à l'encre, faites des hachures entrecroisées, plus denses à l'endroit où l'ombre est plus épaisse.

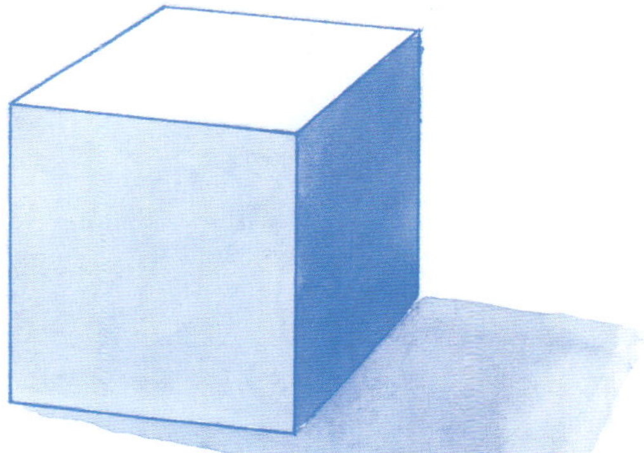

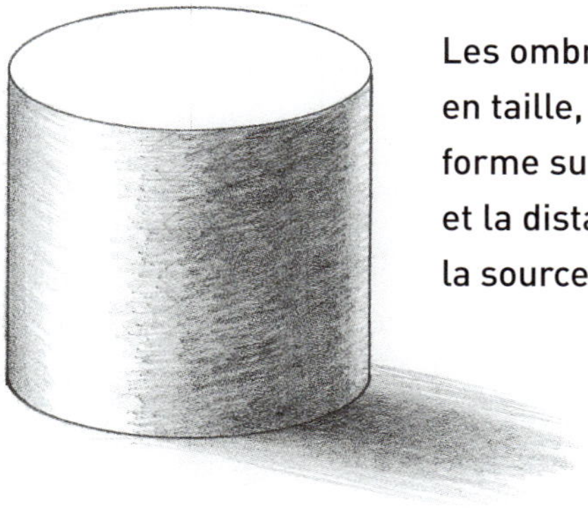

Les ombres varient en taille, ton et forme suivant l'angle et la distance de la source de lumière.

Dessinez un cube à la plume, puis marquez les ombres avec un pinceau trempé dans de l'encre diluée en plusieurs couches.

Les contours

Une silhouette est une forme plate qui décrit seulement deux dimensions. Un contour décrit les trois dimensions – longueur, largeur, profondeur – car il suit les bosses et les creux de la forme.

Le dessin nécessite souvent l'emploi de la ligne, pour décrire les trois dimensions d'un objet. La ligne traduit la masse de la forme et non seulement son contour. Quand vous dessinez la forme d'un personnage, il paraît, dans un premier temps, plat comme dans une bande dessinée, car rien n'indique les rondeurs de ses bras, ses jambes, etc. Mais, au fur et à mesure que vous avancez votre dessin avec de simples lignes décrivant les creux et les bosses créés par les os et les muscles, les cheveux et les plis des vêtements, le personnage devient solide et tridimensionnel – même sans ombres favorisant les reliefs. Le dessin d'un contour est semblable à celui d'une carte : il voyage à travers les formes, indiquant si la surface de l'objet est proche ou lointaine, à quels endroits elle est incurvée ou plate. Par de subtils changements dans la largeur et la force des lignes, vous pouvez aussi décrire la masse et le « poids » des formes.

La meilleure façon de décrire précisément les objets est de les traiter en trois dimensions et de les dessiner comme s'ils étaient transparents.

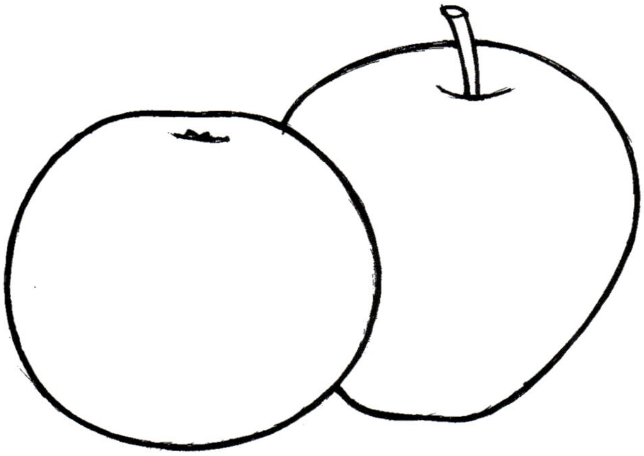

Le dessin du contour donne peu d'informations sur les reliefs de ces pommes, qui apparaissent plates.

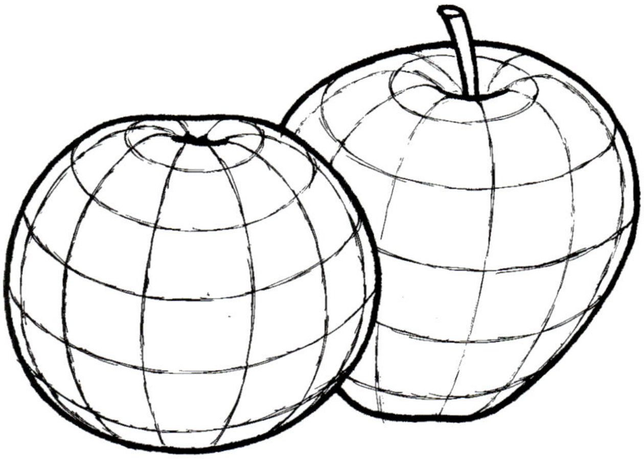

Ici, d'autres lignes de contour suggèrent la courbure des pommes et précisent leurs formes.

En dessinant à la fois ce que vous voyez et ce qui est caché, vous ne décrivez pas seulement la forme extérieure d'un objet, mais vous en rendrez la structure interne. Ainsi, vous pouvez le définir plus précisément. Supprimez ensuite des lignes superflues, bien qu'elles ajoutent souvent de la texture à votre dessin.

Cette méthode est surtout utilisée pour dessiner des objets cylindriques comme des verres, des cruches ou des vases. Si vous dessinez entièrement la base de l'objet, et pas seulement la portion que vous voyez, il paraîtra solide et fermement planté sur la surface. Il vous sera ainsi plus facile de représenter sa forme de façon précise.

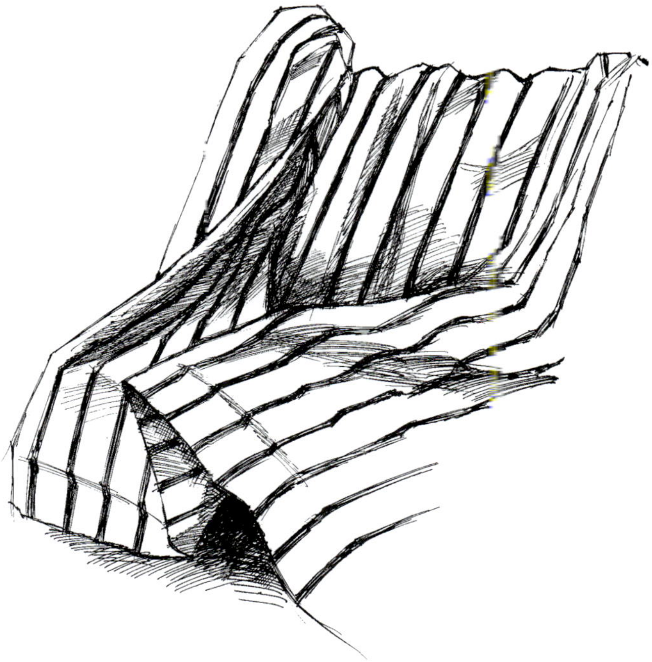

Drapez une pièce de tissu rayé et dessinez-la avec toutes ses rayures : celles-ci deviennent des contours décrivant en trois dimensions les courbes du tissu et ses plis.

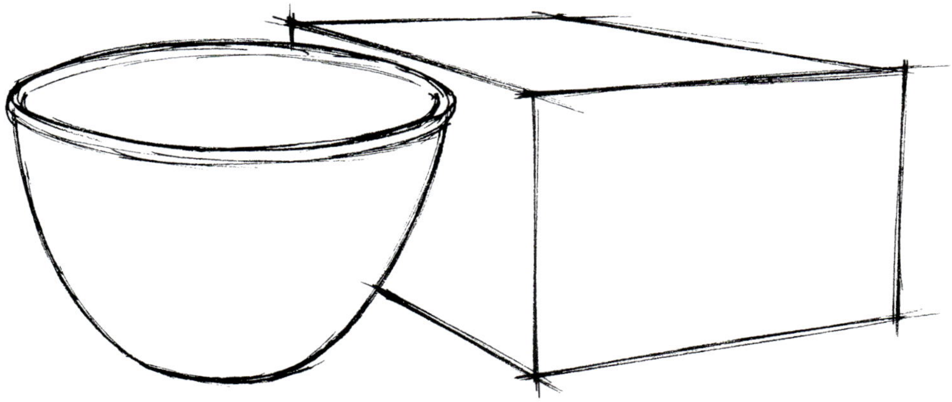

Ce bol et cette boîte dessinés seulement selon leurs contours paraissent être de travers et plats.

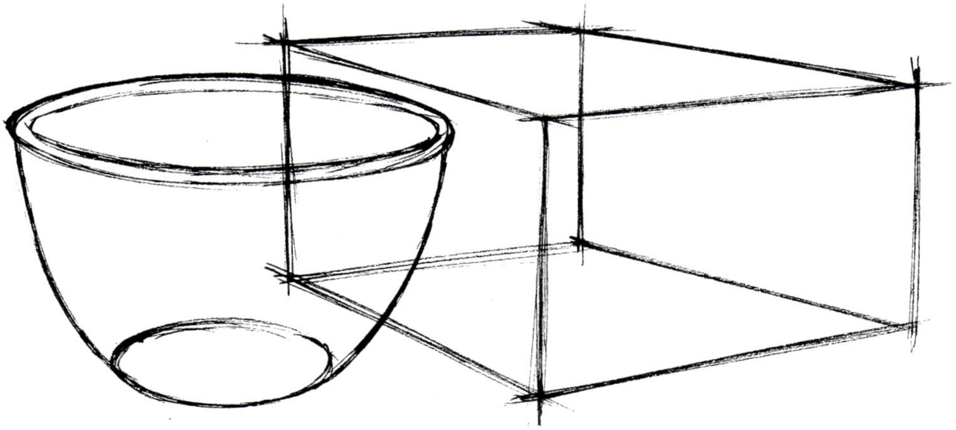

Imaginez que les objets sont transparents et dessinez-les ainsi. Les formes sont alors plus précises et apparaissent solides et réelles.

La perspective linéaire

La perspective est un système employé par les artistes pour créer une sensation tridimensionnelle des formes et de l'espace sur une feuille de papier plate. Ses principes de base sont très simples.

Avant de peindre quoi que ce soit en perspective, il faut d'abord établir la ligne d'horizon. Si vous ne pouvez pas la voir directement (dans une ville, par exemple, en raison de la hauteur des immeubles), rappelez-vous qu'elle est à la hauteur de vos yeux. Elle change selon que vous êtes assis ou debout, mais elle est toujours à la hauteur de votre regard.

Les points de fuite

Le principe de base de la perspective est que des lignes parallèles qui s'éloignent paraissent converger en un seul point de l'horizon, au centre de votre vision. C'est le point de fuite. Toutes les lignes au-dessus de vos yeux s'abaissent vers ce point de fuite ; celles qui sont situées au-dessous montent vers ce même point.

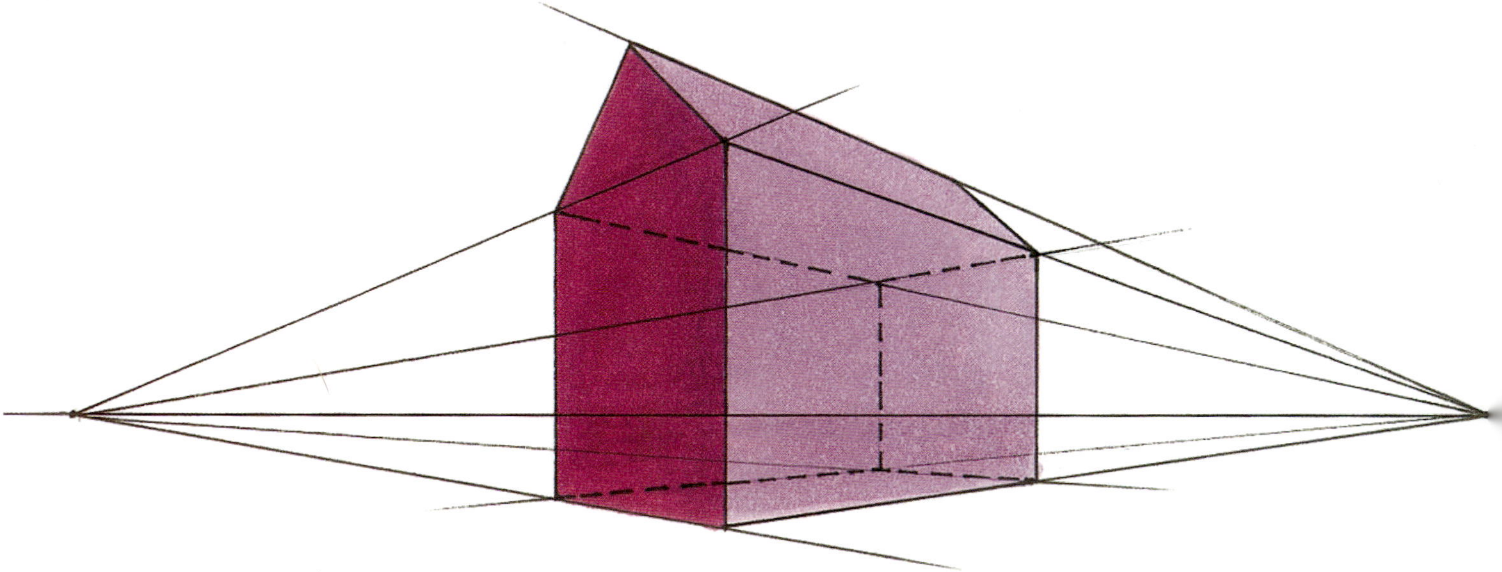

La perspective à deux points de fuite
Chaque façade de cette maison est vue sous un angle de 45° par rapport au plan de la peinture. Chacune d'elles paraît s'éloigner vers un point de l'horizon, sur la droite et sur la gauche. Pour dessiner la maison, commencez par la ligne verticale la plus proche et déterminez les angles sous lesquels les côtés de l'édifice s'éloignent d'elle. Prolongez ces lignes vers les points de fuite. En utilisant ce schéma, vous pouvez alors dessiner les fenêtres et les portes en perspective.

Un ou deux points de fuite

La perspective à un point est celle où il n'y a qu'un seul point de fuite, au centre de la vision. Cependant, on voit souvent des objets sous un angle oblique. Si vous dessinez le coin d'un édifice, par exemple, vous aurez besoin de deux points de fuite, où convergeront les lignes de chacun de ses côtés.

Avec deux points de fuite, il arrive que l'un d'eux (ou les deux) soit en dehors de la surface de votre peinture. Imaginez alors ces points en dehors de votre papier et estimez à l'œil les angles de l'édifice.

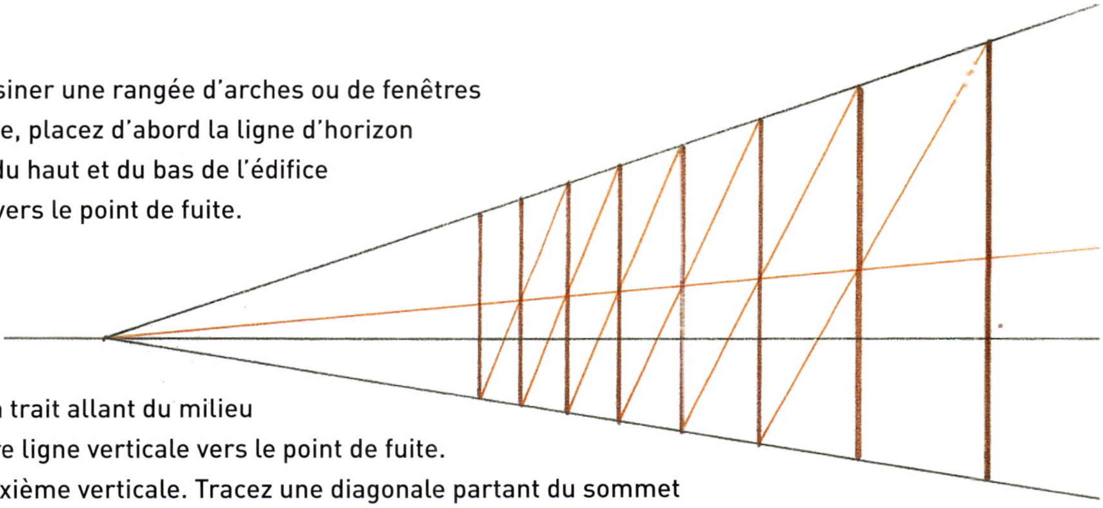

[1] Pour dessiner une rangée d'arches ou de fenêtres en perspective, placez d'abord la ligne d'horizon et les lignes du haut et du bas de l'édifice convergeant vers le point de fuite.

[2] Tracez un trait allant du milieu de la première ligne verticale vers le point de fuite. Placez la deuxième verticale. Tracez une diagonale partant du sommet de la première verticale et passant par le centre de la deuxième. Au point de rencontre avec la ligne de base, placez la troisième verticale. Répétez l'opération jusqu'au bout de l'édifice.

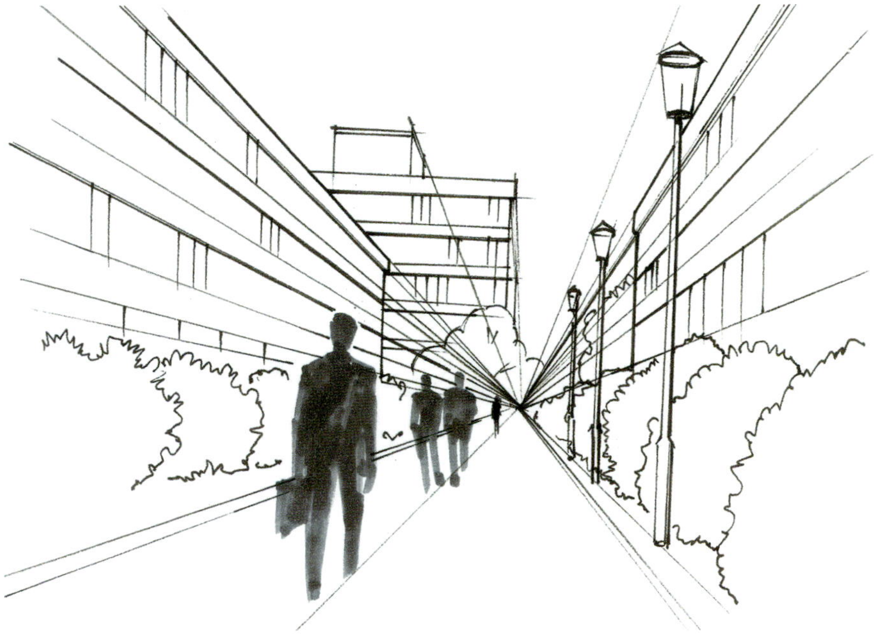

Pour dessiner des personnages qui s'éloignent, tracez des lignes convergentes, du personnage le plus proche à la ligne d'horizon. Vous pourrez alors placer les autres personnages par rapport à celui-ci.

La perspective aérienne et le point de vue

La perspective aérienne est un développement de la perspective linéaire. Ce terme s'applique à une illusion d'optique naturelle, causée par la présence de vapeur d'eau et de particules de poussières dans l'atmosphère. Cela affecte la visibilité : plus les couleurs, les tons et les formes sont éloignés, moins ils sont distincts. Le meilleur moyen pour créer une illusion d'éloignement dans vos peintures est d'employer la tonalité et la couleur pour recréer les effets de la perspective aérienne.

Imaginez que vous êtes dans un champ et que le paysage s'étend devant vous à perte de vue. Quand votre regard se déplace du premier plan à l'horizon, les couleurs vous apparaissent chaudes et brillantes tout près et deviennent plus froides, plus pâles et plus bleues en s'éloignant vers l'horizon. Les tons, les contrastes sont plus vifs près de vous et s'affaiblissent avec la distance. Les textures et les détails deviennent aussi moins distincts. Pour créer une illusion de profondeur dans vos paysages, il vous faut simuler ces effets, en atténuant graduellement vos tons et vos couleurs en allant vers l'horizon.

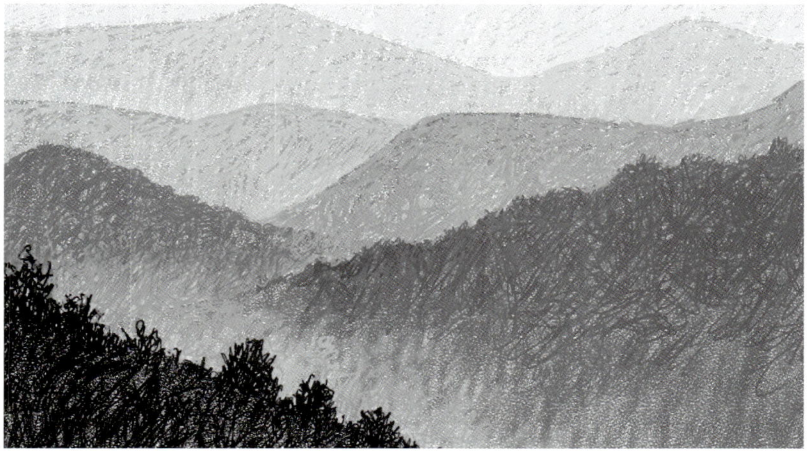

Un procédé courant pour représenter les effets de la perspective aérienne en monochromie consiste à séparer le paysage en une série de plans verticaux qui s'éloignent. Le premier plan est soutenu dans ses tons et ses détails ; les plans moyens et éloignés se font progressivement plus pâles et moins distincts.

Comment placer l'horizon

Prenez le temps d'observer votre sujet sous différents points de vue et faites-en plusieurs croquis. Vous serez surpris de constater combien un léger changement de point de vue modifie la perspective et l'impression de profondeur de la scène.

Les croquis ci-dessous montrent à quel point un changement d'horizon peut créer une sensation d'espace différente et d'un nouveau caractère, selon que l'horizon est placé très haut ou très bas.

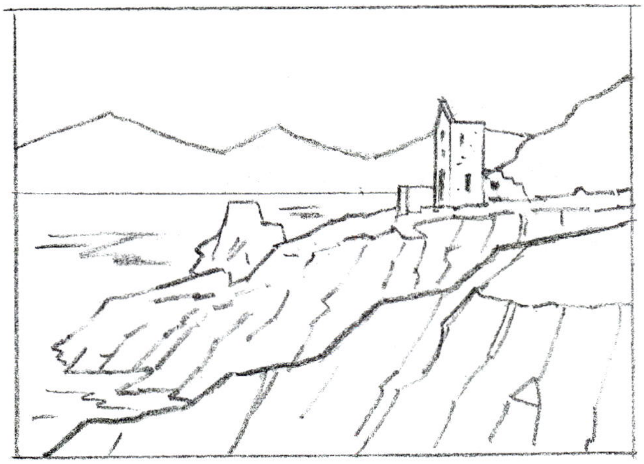

Dans un paysage, le fait de placer l'horizon au milieu du papier divise la composition en deux et l'œil ne sait où se porter. Il vaut mieux le situer légèrement au-dessus ou au-dessous du centre, pour favoriser soit le premier plan, soit le ciel.

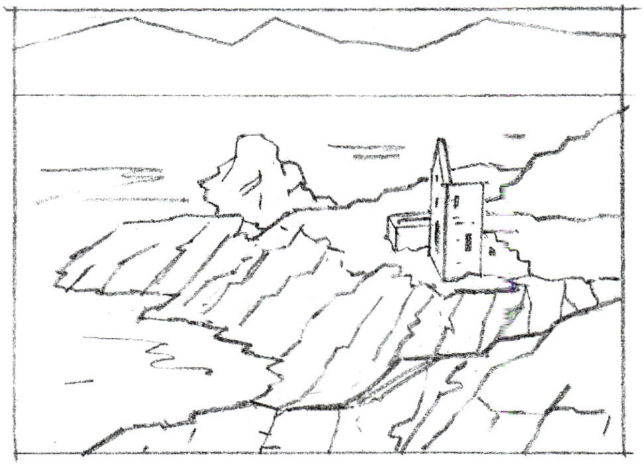

Un point de vue original peut donner une image plus frappante. Regarder un paysage d'un point de vue élevé est captivant, car c'est relativement inhabituel. Pourquoi ne pas monter au sommet d'une colline pour dessiner un paysage ?

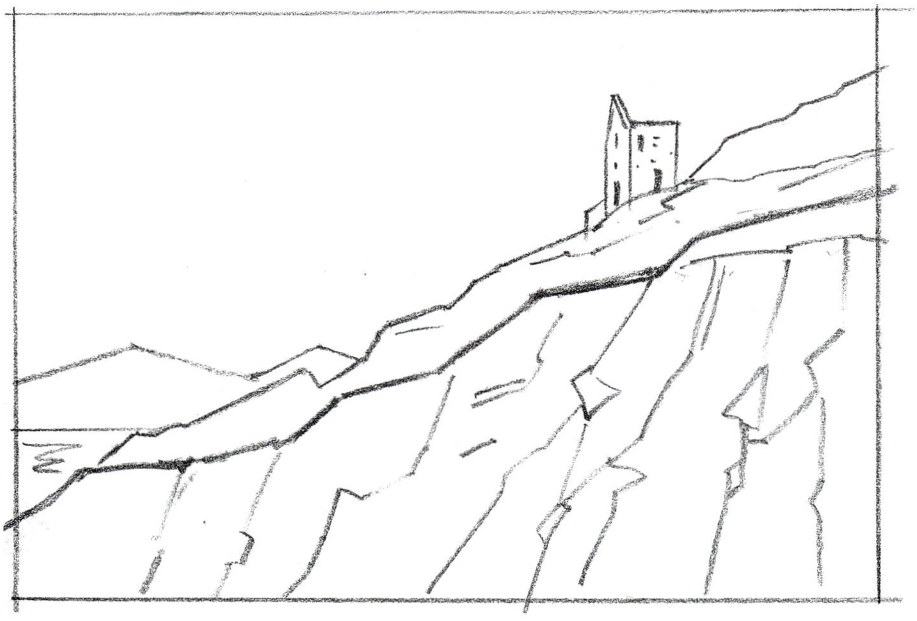

Un paysage vu d'en bas peut aussi offrir une perspective originale. Si vous vous placez au bas d'une pente, l'édifice construit au sommet de la colline se détachera fortement sur la ligne d'horizon.

La composition

Lorsque vous entreprenez une peinture, la première chose à considérer est sa composition. Une bonne composition est une disposition des éléments de votre sujet propre à créer un dessin attrayant et bien équilibré, qui attirera et retiendra l'attention du spectateur.

Il est important de placer le centre d'intérêt avec soin. Ne le mettez pas au centre du tableau, car il aura alors un effet statique ; en dehors du centre, il demandera un effort visuel qui produira un effet plus vivant. La règle des tiers est un bon guide à suivre. Aussi évitez d'avoir deux objets de même intérêt dans un dessin ; si un tableau comporte deux arbres, par exemple, représentez l'un plus grand que l'autre, d'une tonalité différente ou éloignez l'un d'eux. Les éléments secondaires devront être disposés de telle façon que le regard se déplace d'un objet à un autre. Veillez aux lignes qui se succèdent à travers le tableau et relient chaque surface à une autre, comme une route sinueuse ou une rivière serpentant à travers le paysage, le contour de formations nuageuses ou des ombres projetées sur le sol.

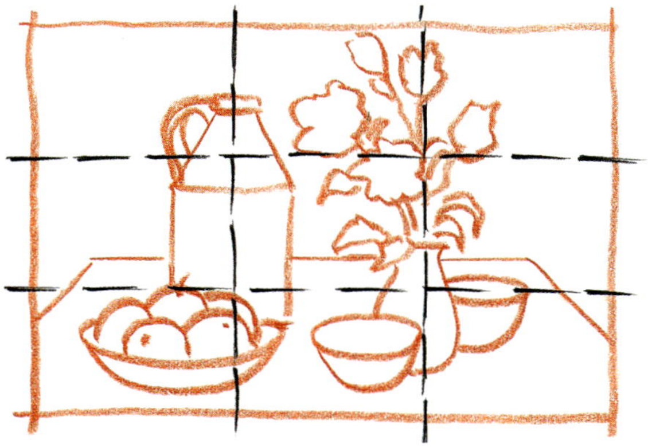

Ce format en longueur, appelé format « paysage », est divisé horizontalement et verticalement par tiers. La cruche et le vase sont alignés sur les tiers verticaux. Les points où les objets se coupent, comme le vase et les bols, sont placés près de leur ligne d'intersection.

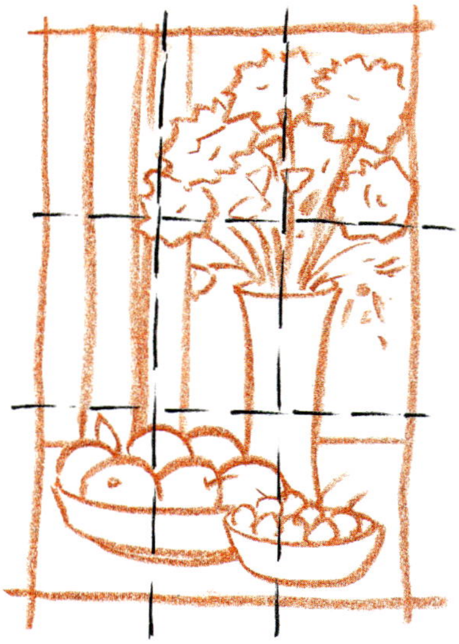

Cette nature morte sur un format en hauteur, appelé format « figure », est également divisée par tiers, horizontaux et verticaux. Le vase est placé sur l'intersection verticale de droite, et les fleurs occupent le tiers horizontal supérieur ; elles sont équilibrées par les bols et les fruits dans le tiers inférieur.

La composition apparaîtra équilibrée et harmonieuse, bien que plusieurs objets sollicitent le regard. Par exemple, les formes rondes des fruits, des fleurs, de la cruche et des bols dans la nature morte se font réciproquement écho, créant une évidente harmonie. Dans le même temps, leur intérêt est soutenu par la variété de leurs formes, leurs tailles, leurs couleurs et leurs tonalités. Les dessins ci-dessous illustrent les méthodes traditionnelles de division d'un tableau afin d'obtenir un dessin équilibré. La « règle des tiers » est une simple formule mathématique fondée sur des principes d'harmonie et de proportion. Imaginez le tableau divisé en tiers, horizontalement et verticalement : chaque élément important, horizontal ou vertical, doit coïncider avec ces lignes, et les points d'intersection de deux lignes sont de bons emplacements pour le point focal du dessin.

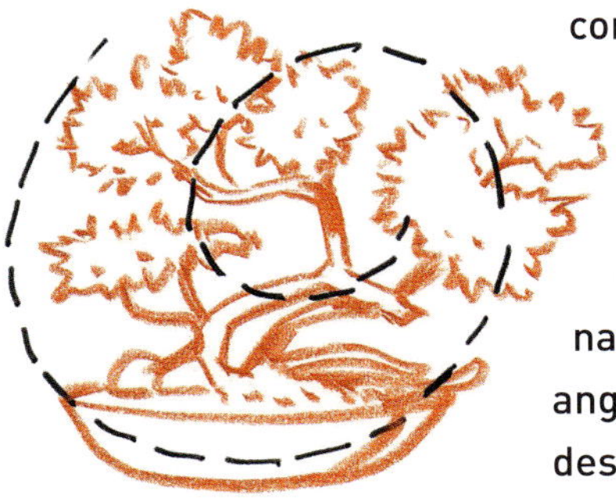

Ce bonsaï japonais présente une agréable composition curviligne. Le contour des arbres s'inscrit dans un cercle, et l'œil suit naturellement les angles et les courbes des branches dans l'ensemble du motif.

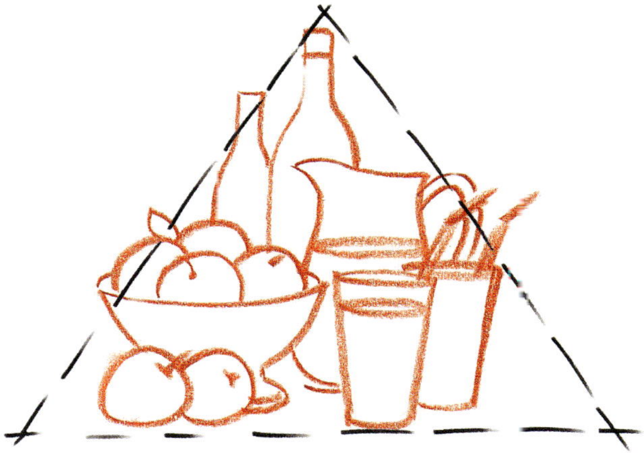

Voici un arrangement d'objets, placés sur des lignes géométriques sous-jacentes et qui partagent plaisamment le tableau. Ici, la nature morte est groupée dans un triangle équilatéral. Cette construction a une stabilité naturelle, accrue par la disposition des objets qui se coupent mutuellement.

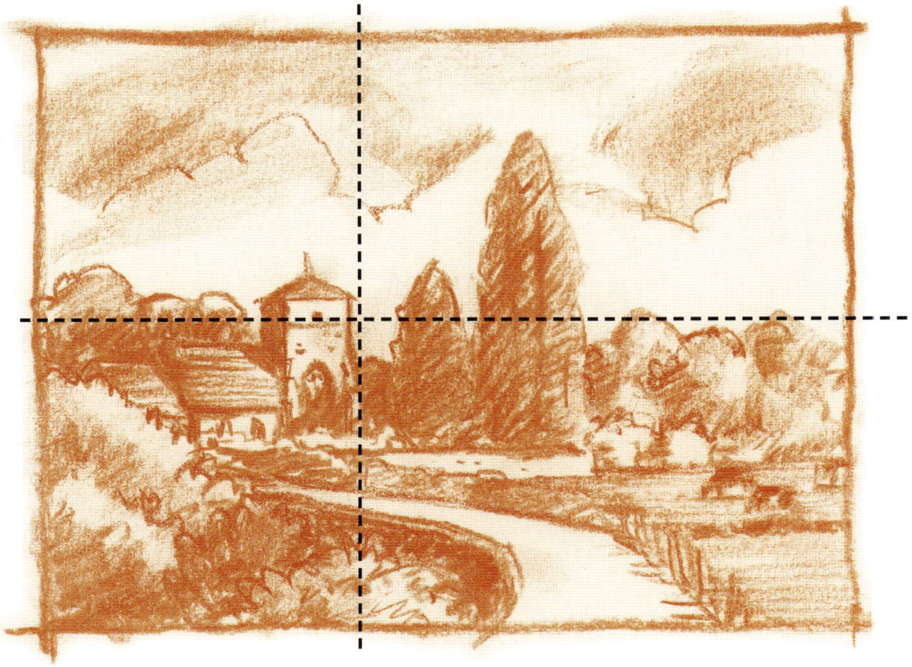

Assurez-vous que votre centre d'intérêt est placé hors du centre. Ici la courbe du chemin attire l'œil vers le point focal, placé à l'intersection de tiers.

Le cadrage

Il est parfois difficile de choisir ce qu'il faut dessiner quand on se trouve devant un paysage. Promenez-vous d'abord avec votre carnet de croquis et notez tout ce qui peut attirer votre attention. Dans un même lieu, il peut y avoir plusieurs vues constituant un bon sujet de dessin. Un viseur vous aidera à isoler un secteur particulier du sujet.

Avec de la pratique, un viseur vous aidera à choisir des sujets potentiels et à bien les composer. Lorsque la scène est concentrée dans l'ouverture du viseur, près de votre œil, vous pouvez anticiper ce qu'elle sera sur le papier. Tenez le viseur près de votre œil pour avoir un grand angle de vue ; puis éloignez-le afin de choisir une vue moins étendue. Baissez-le ou élevez-le au-dessus de l'horizon, selon que vous voulez favoriser le ciel ou les éléments du paysage. N'oubliez pas la règle des tiers, beaucoup de paysages consistant en un tiers de ciel et deux tiers de terre (ou vice versa). On ne sait pourquoi, mais l'œil trouve cette proportion bien équilibrée. Un autre conseil : ne regardez pas uniquement votre sujet horizontalement – vous pouvez tourner le viseur vers le haut et choisir un format vertical d'un bel effet.

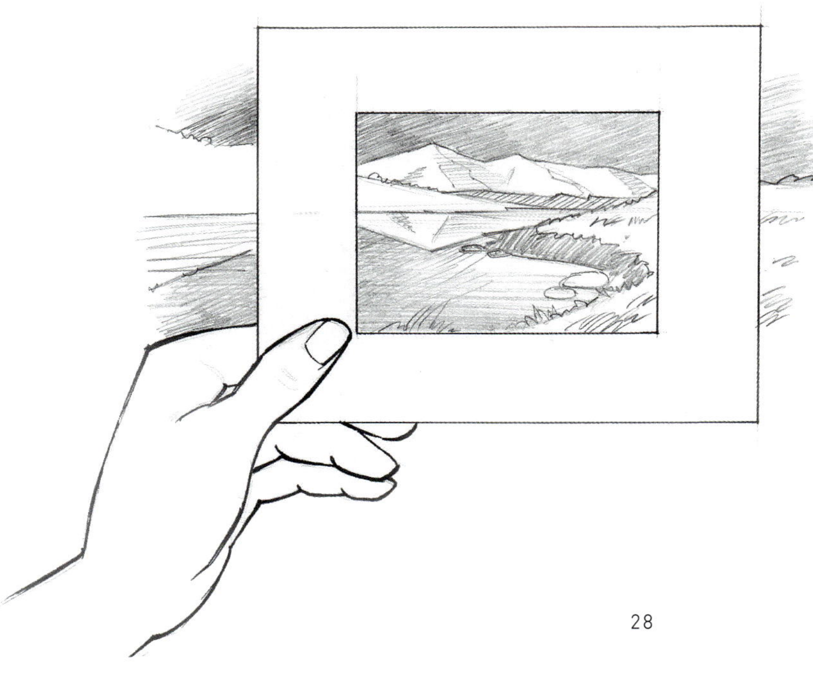

Fabriquez votre propre viseur en découpant une fenêtre d'environ 10 x 15 cm au centre d'un morceau de carton. Tenez-le à bout de bras, fermez un œil, puis déplacez votre bras d'avant en arrière et de haut en bas, pour bien situer votre sujet dans l'ouverture.

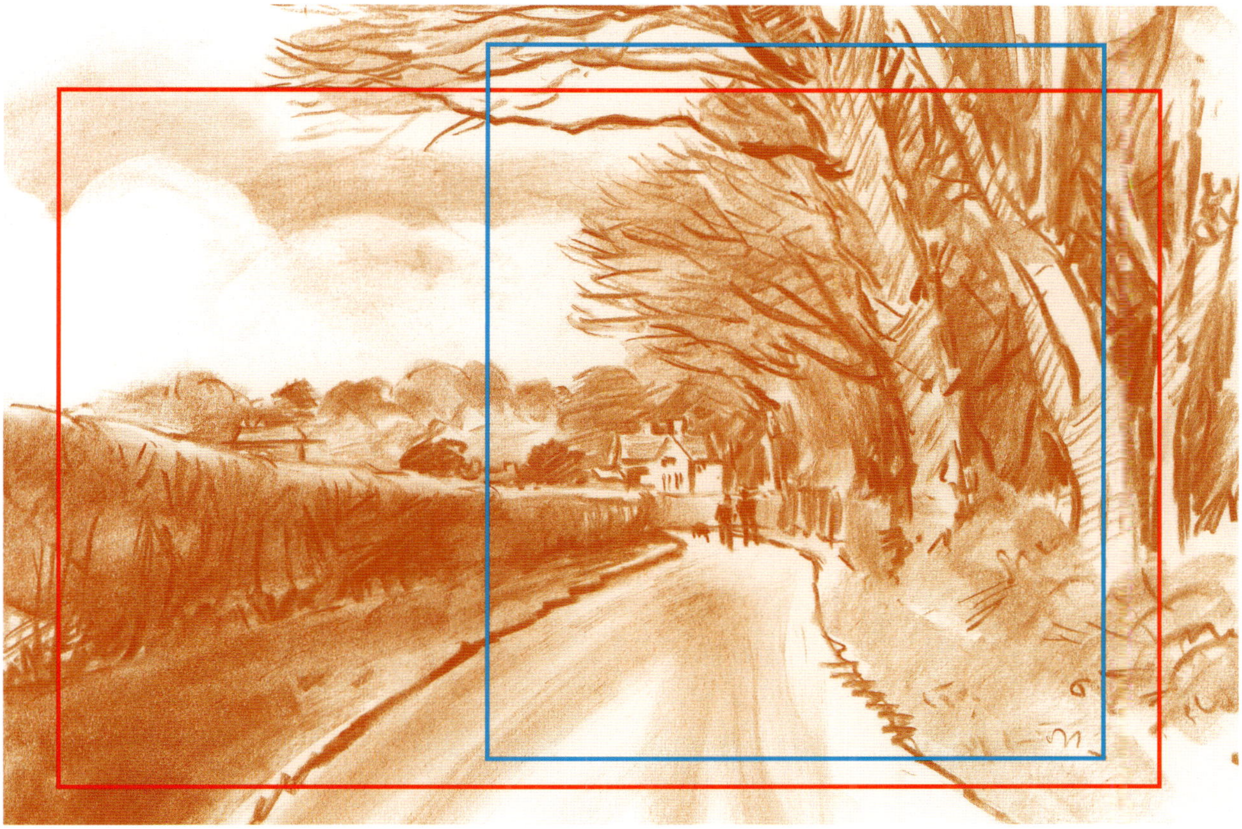

Avec un format paysage horizontal, l'œil peut se déplacer d'un côté à l'autre. L'ambiance est calme et reposante.

Avec le format figure, les éléments verticaux sont dominants. L'ambiance est plus resserrée et plus intime.

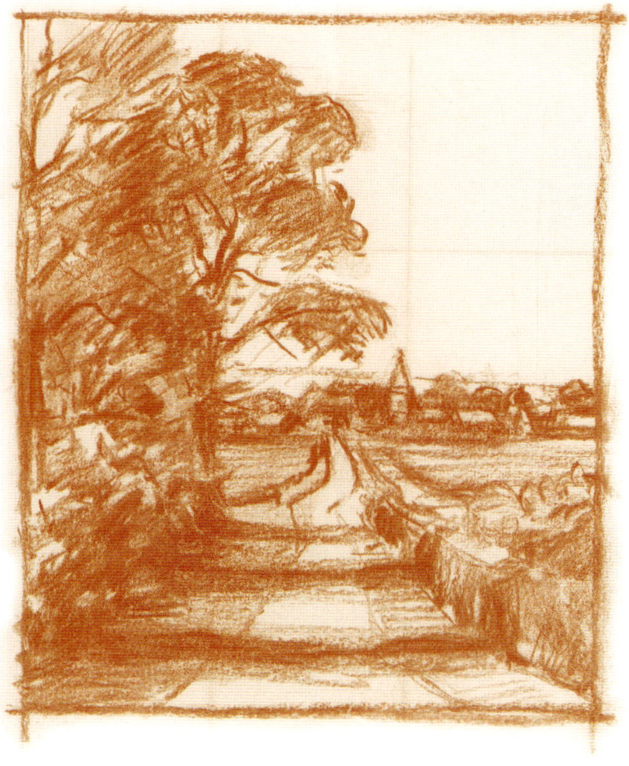

Malgré le format réduit, ce croquis suscite une forte sensation d'espace, par la perspective étroite de la route centrale et la position en retrait du point focal.

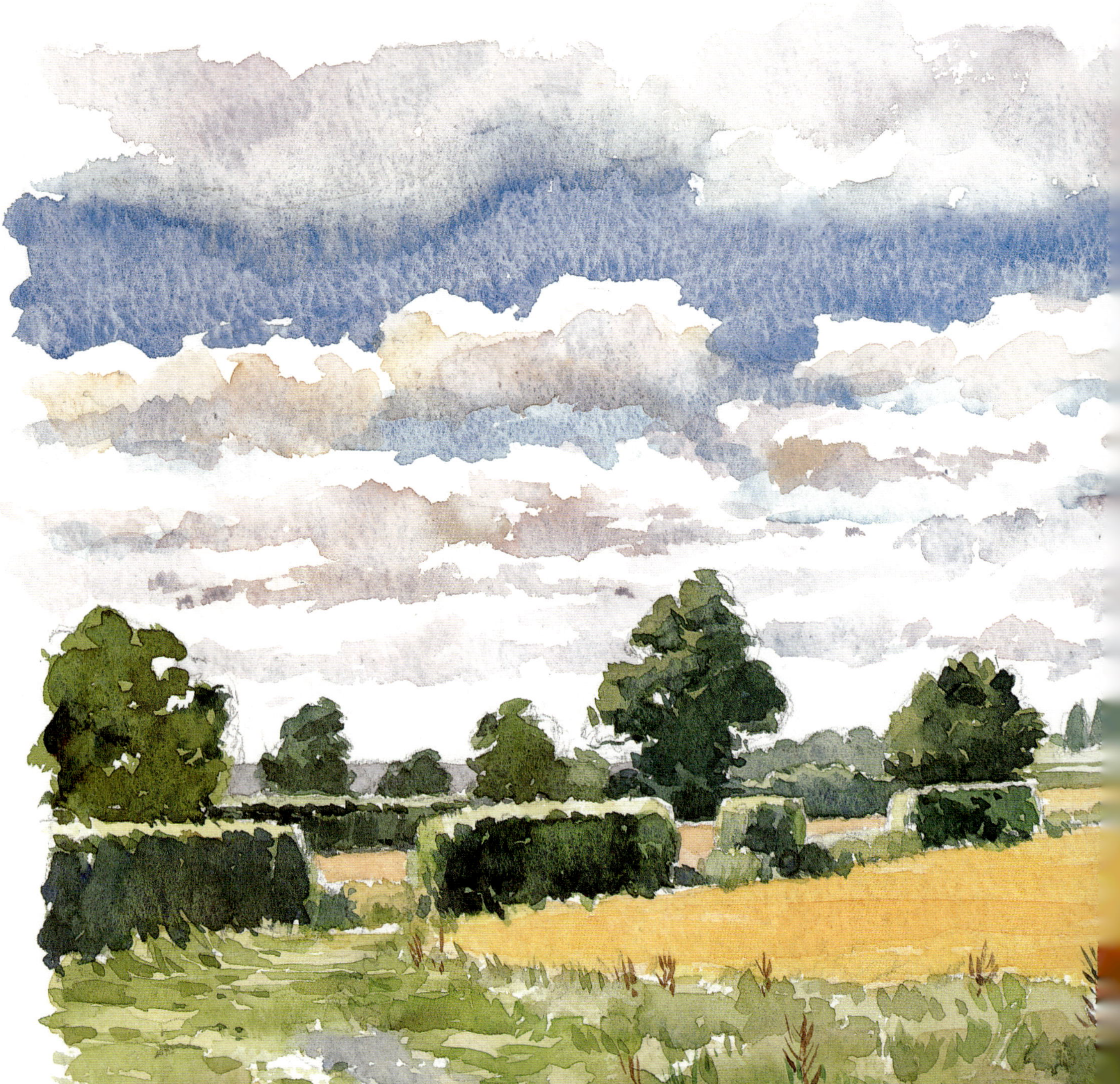

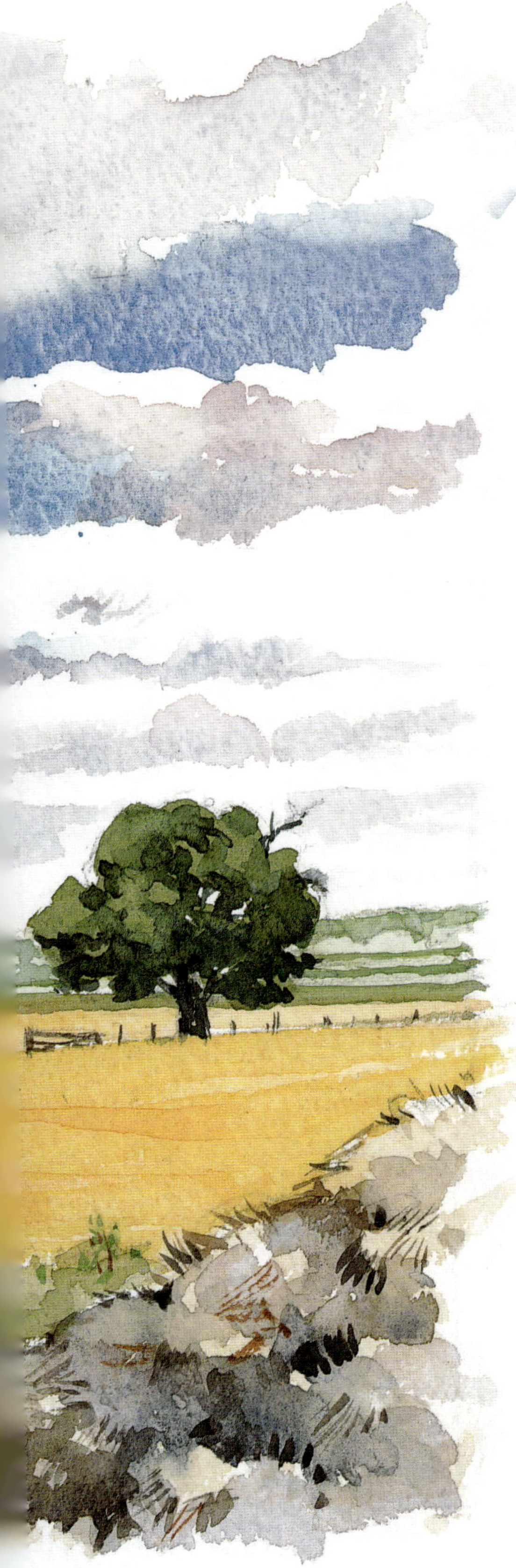

Le paysage

Le paysage est sans doute le sujet le plus populaire de dessin et de peinture. La richesse de la nature peut déjà vous inspirer, qu'il s'agisse de quelques feuilles ou d'une vue d'arbres panoramique, de champs et de ciel. Mais un paysage ajoute le plaisir de dessiner en plein air et de communiquer avec la nature.

La mer, toujours changeante, est un défi perpétuel pour l'artiste. Les vagues, l'écume, les brisants, la houle demandent une forte somme de patience pour les représenter. Cependant, les scènes de plage ou de ports sont d'excellents sujets pour débuter. Comme pour les paysages, axez votre composition sur un élément de la scène, comme des personnages sur la plage, des falaises et des dunes ou des bateaux. La mer ne sera alors qu'une partie de la scène et pourra être traitée plus facilement.

Composer un paysage

Ne vous laissez pas impressionner par la beauté d'un paysage. Prenez du recul et cherchez à choisir et à ordonner ses éléments afin de créer une image équilibrée.

Lorsque vous avez choisi un paysage, promenez votre regard à travers votre viseur et faites de rapides croquis afin de le camper sur le papier. Essayez de voir les arbres, les champs, les images comme des lignes, des formes et des tonalités. Disposez les éléments de sorte qu'il y ait une zone d'intérêt, soutenue par des éléments secondaires conduisant l'œil loin du premier plan, à l'intérieur et en dehors du tableau, et éventuellement jusqu'au point focal.

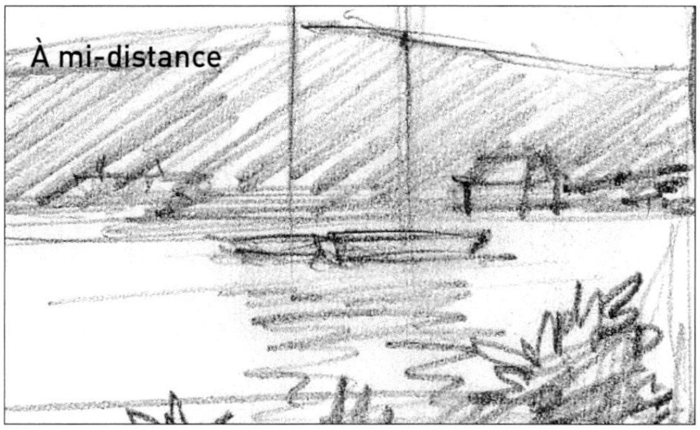

Ces trois croquis montrent combien une légère variation de point de vue peut altérer l'équilibre et l'ambiance de la scène. Un crayon à mine tendre est parfait pour prendre des croquis sur le vif, car il permet de définir rapidement les masses et les contours.

Commencez par diviser la scène en larges et simples surfaces, celles du ciel, de l'horizon et du premier plan. Assurez-vous que l'horizon ne coupe pas le papier en son centre et ne crée pas des espaces identiques de part et d'autre, ce qui prive la composition d'intérêt. Placez-le plutôt

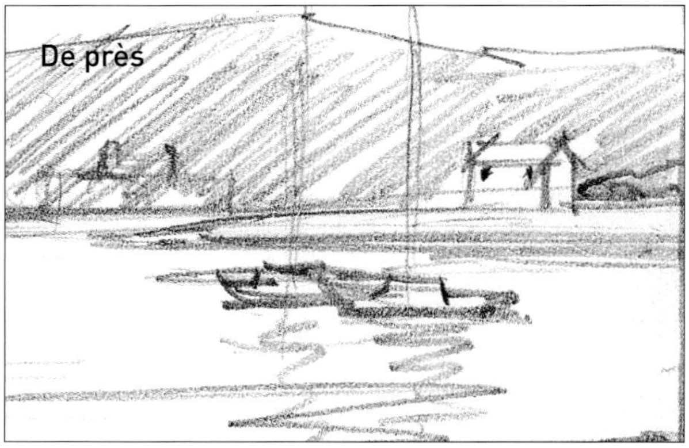

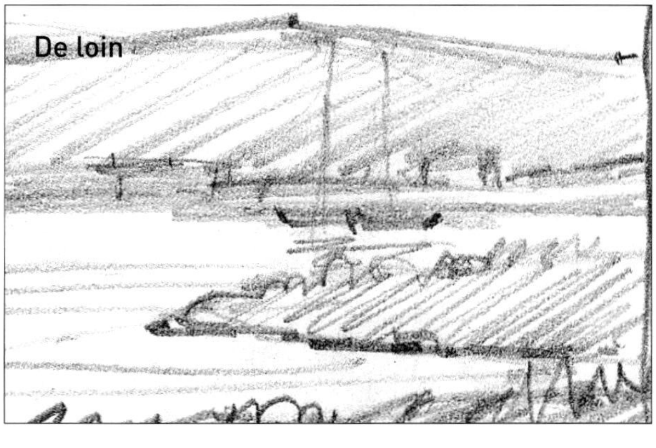

dans le tiers supérieur (ou inférieur) du tableau, selon que vous désirez favoriser le ciel ou la terre.

Ne placez pas le point focal au centre, mais plus près de l'un ou de l'autre des côtés pour créer un équilibre. Vérifiez que des formes semblables sont réparties dans le tableau, reliant les divers éléments. En même temps, introduisez de légers contrastes susceptibles d'attirer le regard : formes anguleuses ou fluides, tons clairs ou foncés, couleurs brillantes ou atténuées.

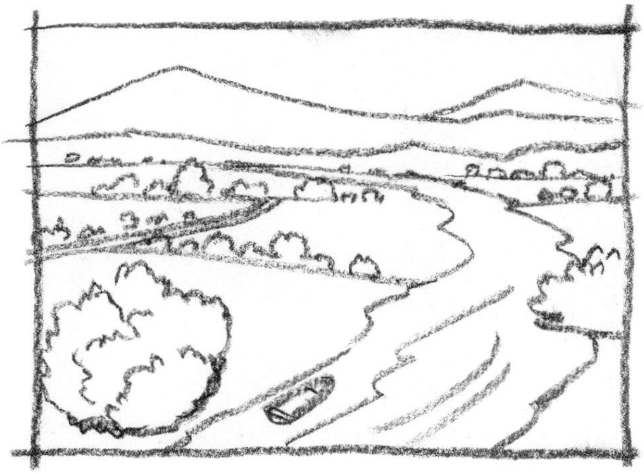

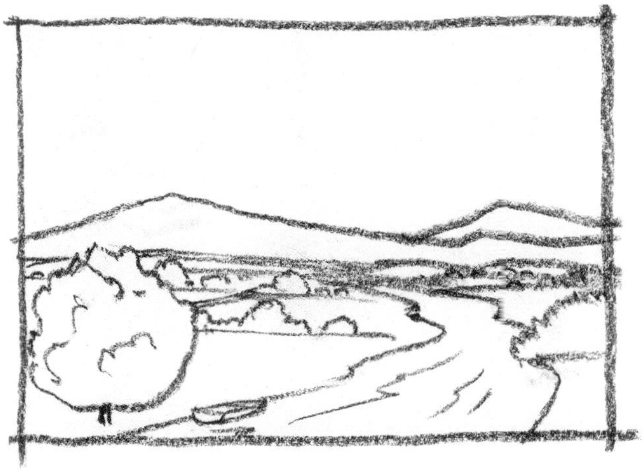

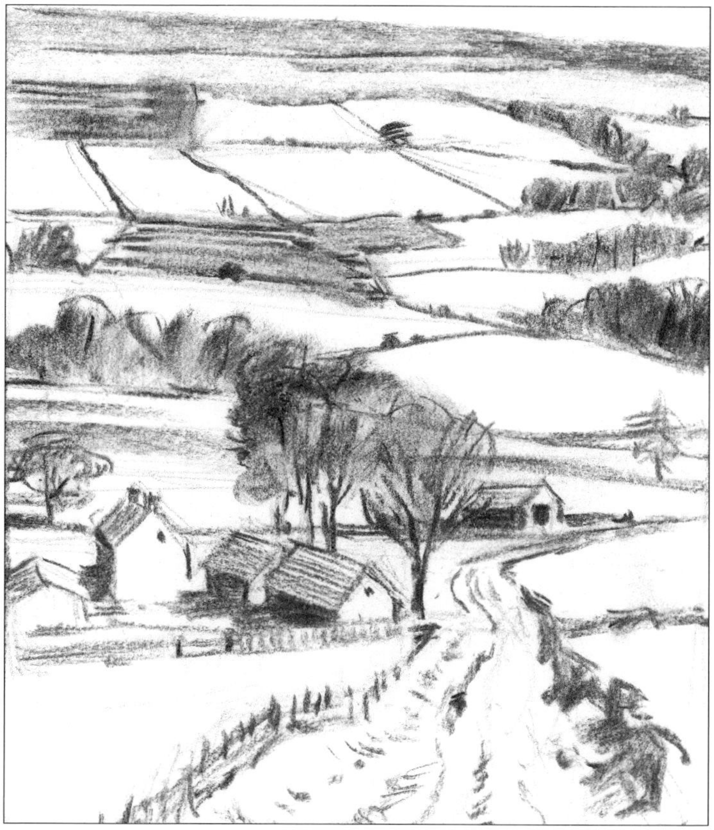

Pour un paysage simple, une division irrégulière entre la terre et le ciel est préférable à un horizon à mi-page. Un premier plan étendu accentuera l'illusion d'espace et de profondeur. Un horizon bas permettra de développer un ciel tourmenté, par exemple.

Les éléments naturels d'un paysage aident souvent beaucoup à la composition. Dans ce dessin, la courbe du chemin s'éloigne du premier plan, entraînant le regard vers le milieu du tableau, d'où il est conduit vers le haut par le croisement des bordures linéaires des champs, jusqu'aux lointaines collines.

Les paysages au crayon

Le crayon au graphite possède une fraîcheur et une instantanéité qui le rendent parfait pour le dessin en plein air. Polyvalent, il permet de traduire la lumière et l'atmosphère, l'espace et la profondeur.

Assurez-vous que vous avez choisi le crayon adapté à vos dessins. Un crayon H donnera une ligne pâle, quelle que soit la pression exercée, tandis qu'un crayon tendre, comme un 6B, permet de tracer des lignes plus ou moins larges, ainsi qu'une gamme de tons allant du clair au foncé. Les crayons tendres conviennent bien au dessin de paysage en plein air. Le travail est aisé et rapide, ce qui est essentiel quand on est à l'extérieur, avec des conditions météorologiques changeantes.

Si vous êtes dans la campagne, pourquoi ne pas dessiner un paysage qui vous plaît ? Il suffit de quelques heures et de deux crayons seulement, un 2B et un 8B. Une vue comme celle esquissée ci-dessous, avec des collines, des champs, des espaces boisés jusqu'à l'horizon, semble assez difficile à installer sur le papier. De fait, sans l'appoint de la couleur, vous ne disposez que des lignes et des tons pour créer une sensation d'éloignement dans l'espace.

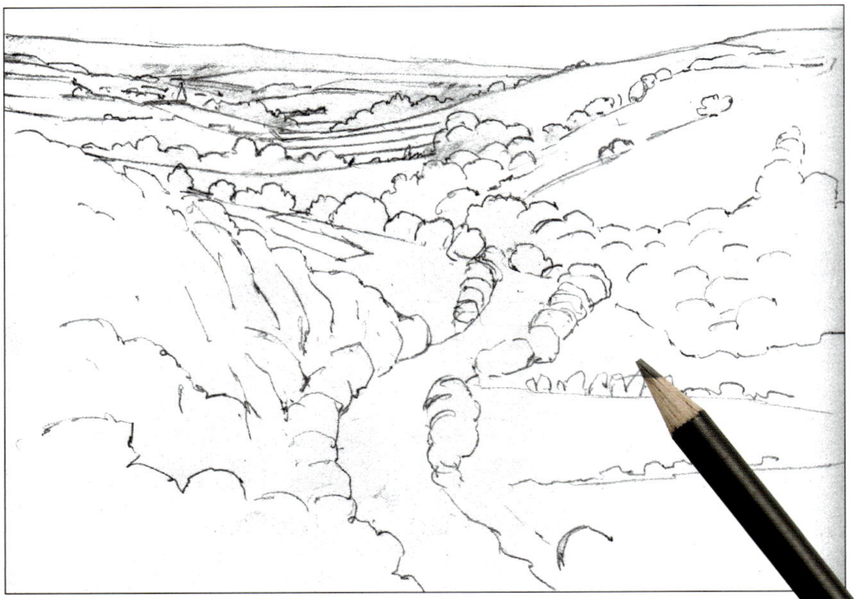

[1] Avec un crayon 2B, placez la ligne d'horizon. Dessinez ensuite légèrement la courbe de la rivière qui établit la perspective du tableau. Délimitez rapidement les contours importants des collines, des champs et des arbres, en les représentant plus petits au fur et à mesure de leur éloignement vers l'horizon. L'effet général est alors suffisamment atteint à ce stade.

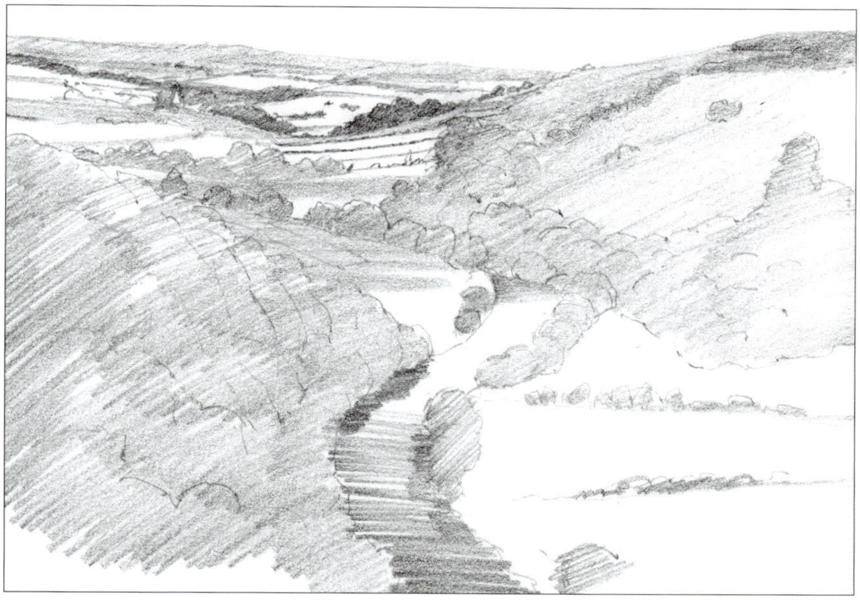

[2] Vous pouvez alors aborder les tonalités et les détails. Utilisez un crayon tendre 8B pour travailler légèrement les parties foncées du paysage, avec des hachures. Variez la pression sur le crayon pour créer des tons différents et changez la direction des traits pour évoquer leur aspect naturel. Ne travaillez pas qu'une surface à la fois : construisez le dessin dans son ensemble, en vous déplaçant librement sur le papier.

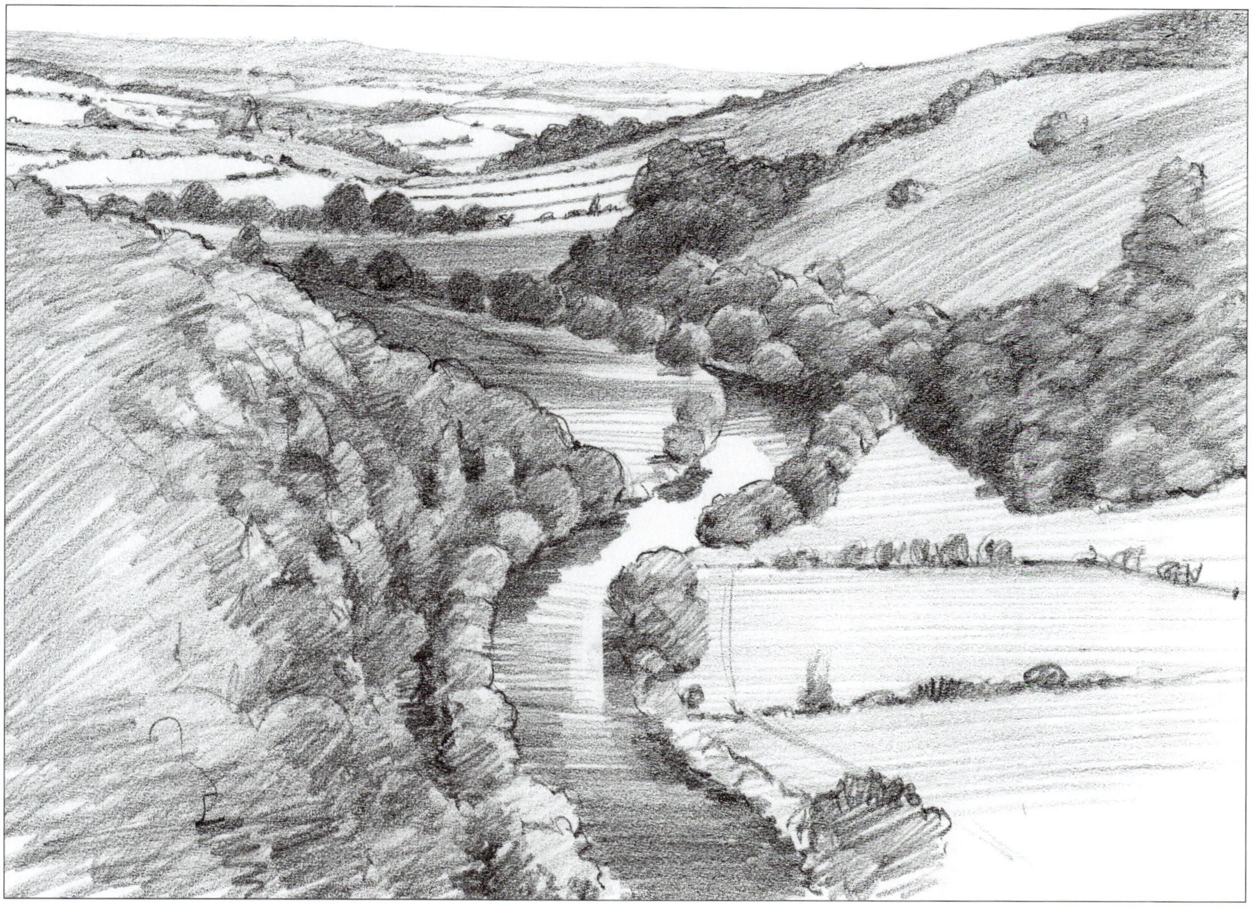

[3] Continuez à développer les différentes tonalités et textures du tableau : employez de longues hachures régulières pour les champs et des traits courts pour les arbres. Suggérez l'éloignement dans l'espace en allant des tons foncés aux tons clairs et en diminuant l'échelle des marques de texture dans le lointain.

Les arbres et le feuillage

Vous aurez à dessiner des arbres dans de nombreux paysages. À moins de chercher à produire une représentation très stylisée, il est utile de connaître les formes de base des espèces essentielles. Observez bien la façon dont les branches se séparent, s'amincissent et s'effilent vers le haut pour former la silhouette de l'arbre. Vous pouvez obtenir de bons résultats simplement avec un pinceau ou une éponge.

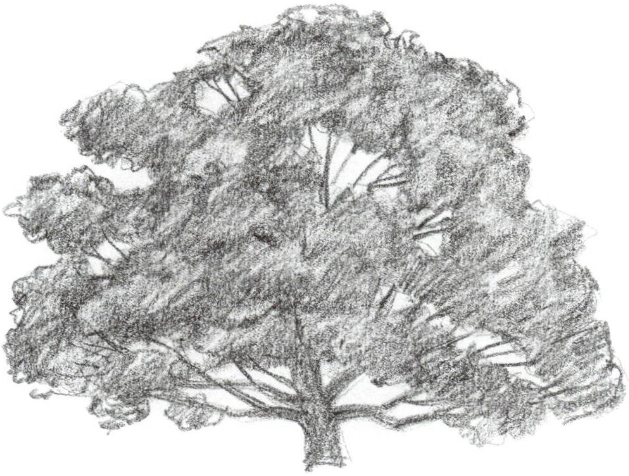

Essayez de définir la silhouette et le port de diverses espèces d'arbres et comparez leurs différences. Dessinez de simples croquis de tonalités avec un médium tendre, comme un crayon de graphite. Par exemple, la silhouette de ce cerisier est ramassée et arrondie.

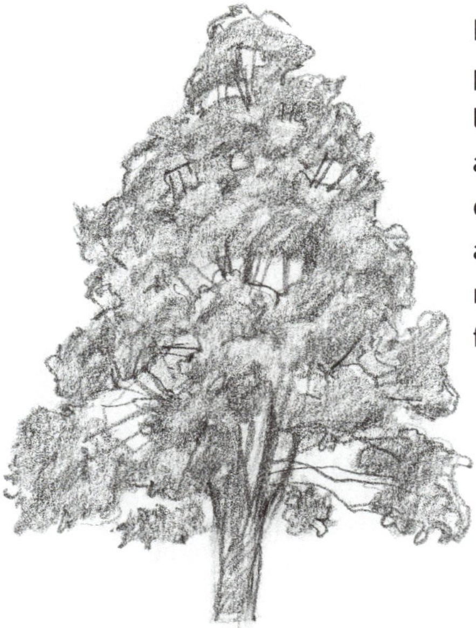

Les arbres à feuillage persistant, comme les épicéas, les aulnes et les cèdres ont des contours anguleux, avec des masses denses de feuillage sombre.

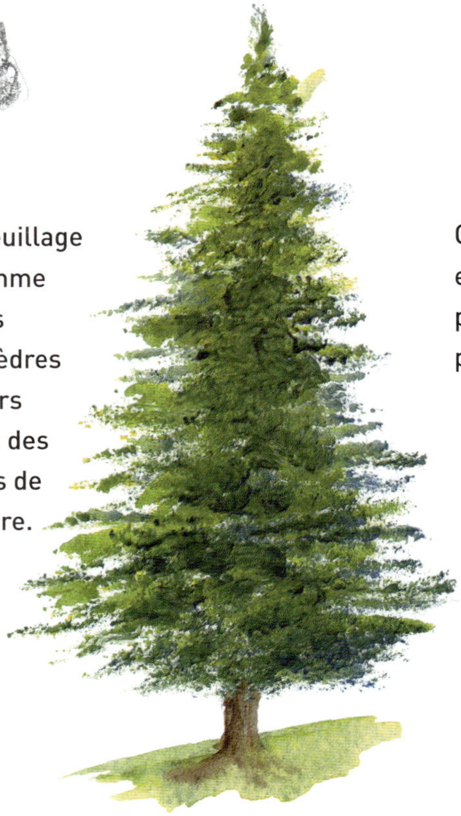

Ce sapin est traité au pinceau plat presque sec.

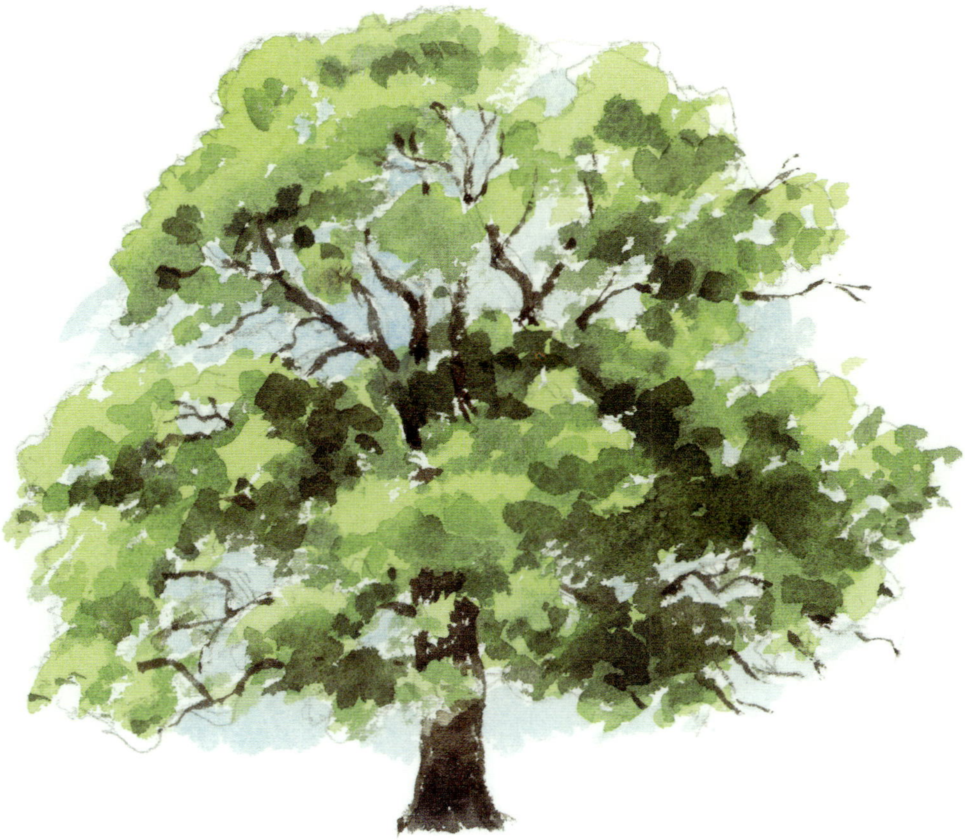

Ici, un rapide croquis au crayon a été rehaussé de simples lavis d'aquarelle pour créer l'image vivante d'un chêne. Notez que le feuillage n'est pas une masse solide ; il y a de nombreux « trous de ciel », particulièrement vers les bords extérieurs de l'arbre. Peignez d'abord le feuillage ensoleillé avec des verts légers et chauds. Pendant que la couleur est encore humide, appliquez des couches successives de bleu-vert pour le feuillage resté dans l'ombre.

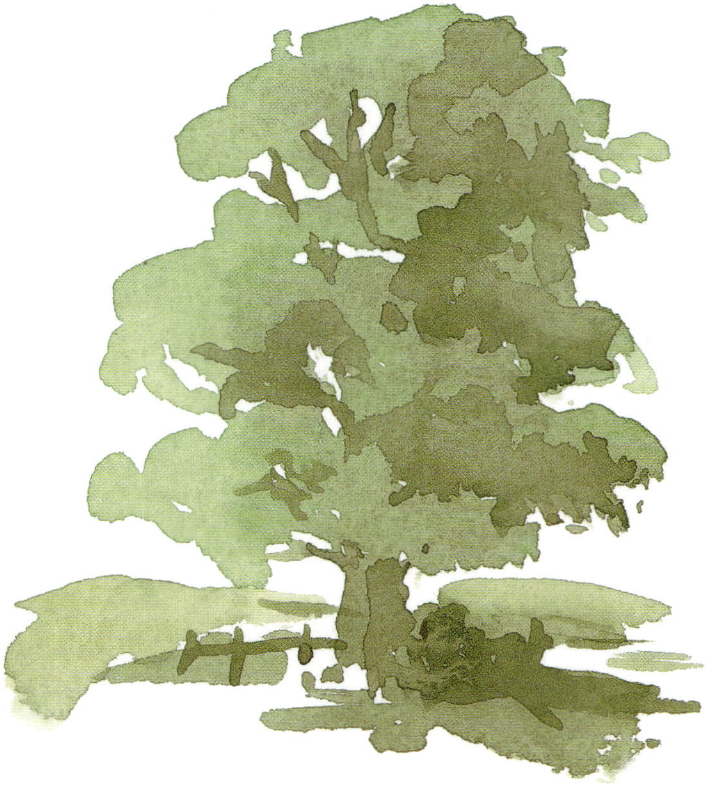

Peindre rapidement humide sur humide crée une sensation de volume et d'ombre.

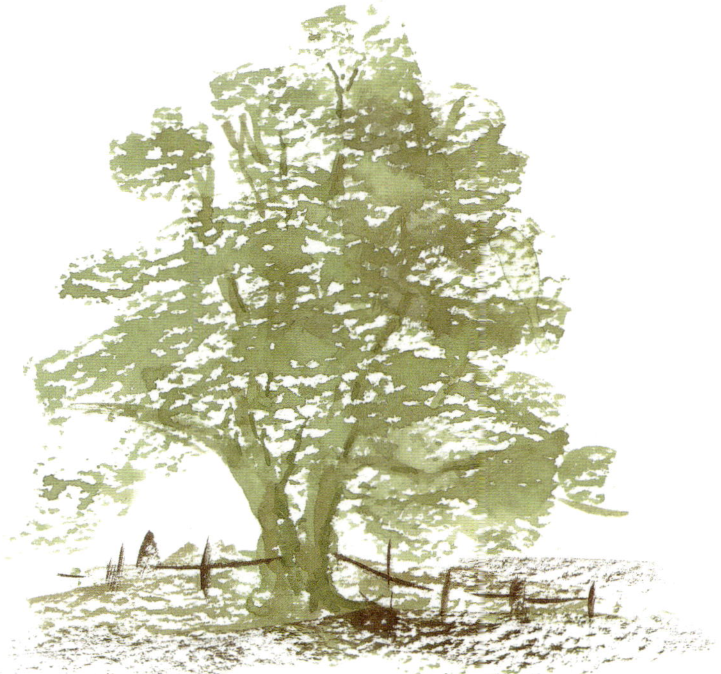

Créez une texture en utilisant le grain de papier et en frottant un pinceau sec sur la surface.

Peindre le ciel et créer une atmosphère

L'aspect d'un ciel peut fortement influencer celui de votre peinture. Un ciel sombre et orageux au-dessus d'un champ éclairé suscite d'emblée une forte impression. Des nuages denses peuvent créer du rythme et accentuer la perspective. Les effets d'un soleil couchant sont envoûtants.

Les ciels sont très importants, car ils peuvent déterminer l'atmosphère de tout un tableau. Fluide et transparente, l'aquarelle est un excellent médium pour les peindre. Étudiez attentivement les ciels avant de les peindre. Observez les différences d'intensité entre les couleurs au-dessus de vous et celles à l'horizon. Voyez comment la perspective affecte l'apparence des nuages, à mesure qu'ils sont plus éloignés.

Les formations nuageuses changent si rapidement qu'il est bon d'étudier en détail leur évolution, afin d'acquérir la connaissance de leur structure et de leurs mutations. John Constable fut parmi les premiers peintres à le faire, et ses peintures vigoureuses témoignent de son minutieux travail d'observation. En certains cas, le ciel à lui seul peut faire l'objet d'un tableau, avec une simple bande de terre pour tout contexte.

La brume est aussi un moyen de créer une atmosphère, par des étendues placées au centre focal ou autour, apportant au paysage une touche de mystère et de solitude.

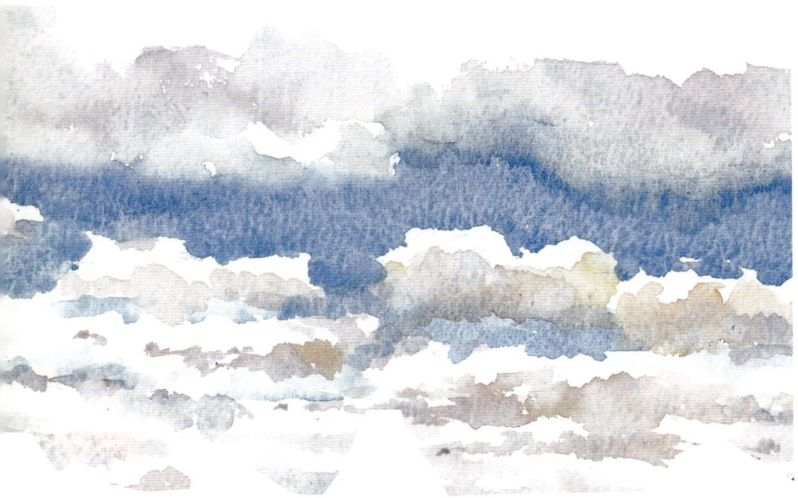

Des nuages blancs
Des nuages ourlés de blanc évoquent des journées chaudes et ensoleillées. Se détachant sur un ciel bleu, ils donnent, si on les observe attentivement, une sensation de profondeur à mesure que leur taille décroît et qu'ils s'éloignent vers l'horizon. Reproduisez-les en ôtant de la peinture humide avec un linge. Pour obtenir un contour net, ajoutez de la couleur sur la surface sèche. Quelle que soit la méthode utilisée, variez la taille des nuages pour leur donner un aspect plus authentique.

Lever et coucher de soleil
On a tendance à donner une image romantique du coucher de soleil, en négligeant la véritable essence de ce moment. Levers et couchers de soleil produisent une lumière chaude, résultant de bandes de jaune, d'orange ou de rouge à l'horizon, sur un ciel bleu clair. Ces combinaisons de couleurs sont très séduisantes, et si des nuages orageux couronnent le tout, l'effet produit est saisissant.

La neige
Pour donner du relief aux nuages d'un paysage enneigé, ajoutez-y une touche de jaune. Les flocons eux-mêmes se détacheront sur des nuages plus sombres. À l'aide d'une brosse à dents, projetez du blanc opaque sur la peinture sèche. Vous pouvez aussi conserver le grain du papier avec de la gomme à masquer.

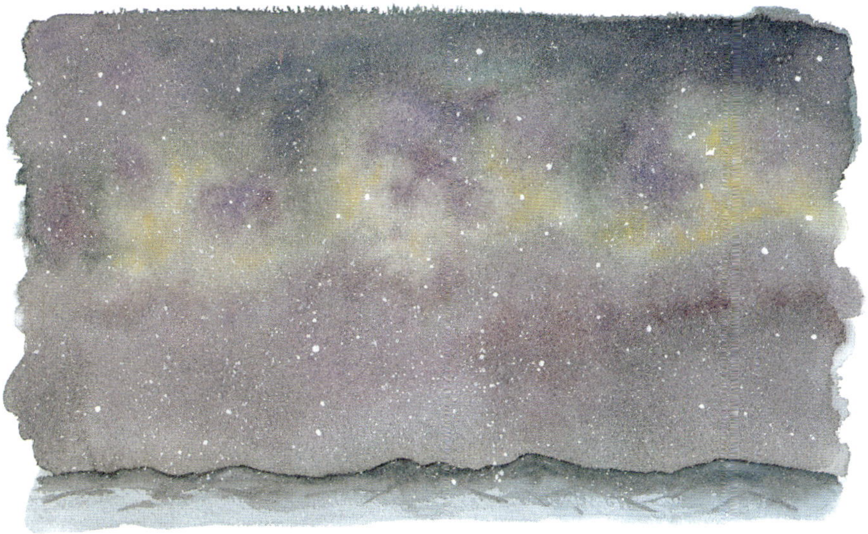

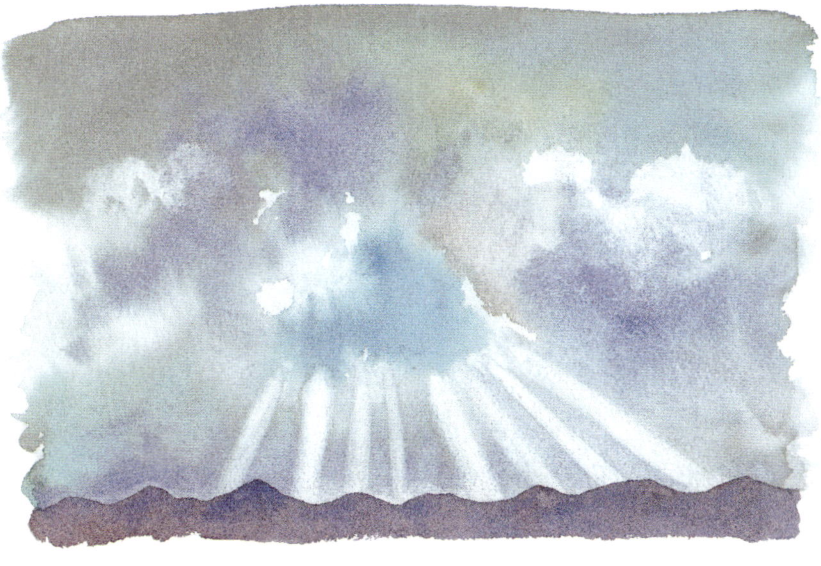

Un ciel orageux
La densité de nuages orageux crée des contrastes de couleurs accentués lorsqu'ils sont traversés de rayons de lumière. Les nuages tendent à être plus clairs vers le bas, là où le soleil les perce. Cela peut être utilisé pour donner une sensation de volume.

Peindre de l'eau

Rivières, étangs, vagues déferlantes ou simples flaques, l'eau ajoute une nouvelle dimension à une peinture par ses reflets et ses déformations. Elle apporte de la vie et peut tout aussi bien fournir un point focal que laisser errer le regard dans l'espace pictural.

L'eau reflète la couleur du ciel et constitue une ligne d'horizon. Elle peut paraître assez intimidante. L'astuce est de peindre ce que vous voyez et non ce que vous pensez voir.

Il y a quelques règles absolues. L'eau ne coule jamais vers le haut. Ses ondulations et ses vagues sont toujours horizontales et du même modèle. L'eau est également soumise aux règles de la perspective : ondulations et vagues paraissent plus petites et plus proches au fur et à mesure de leur éloignement.

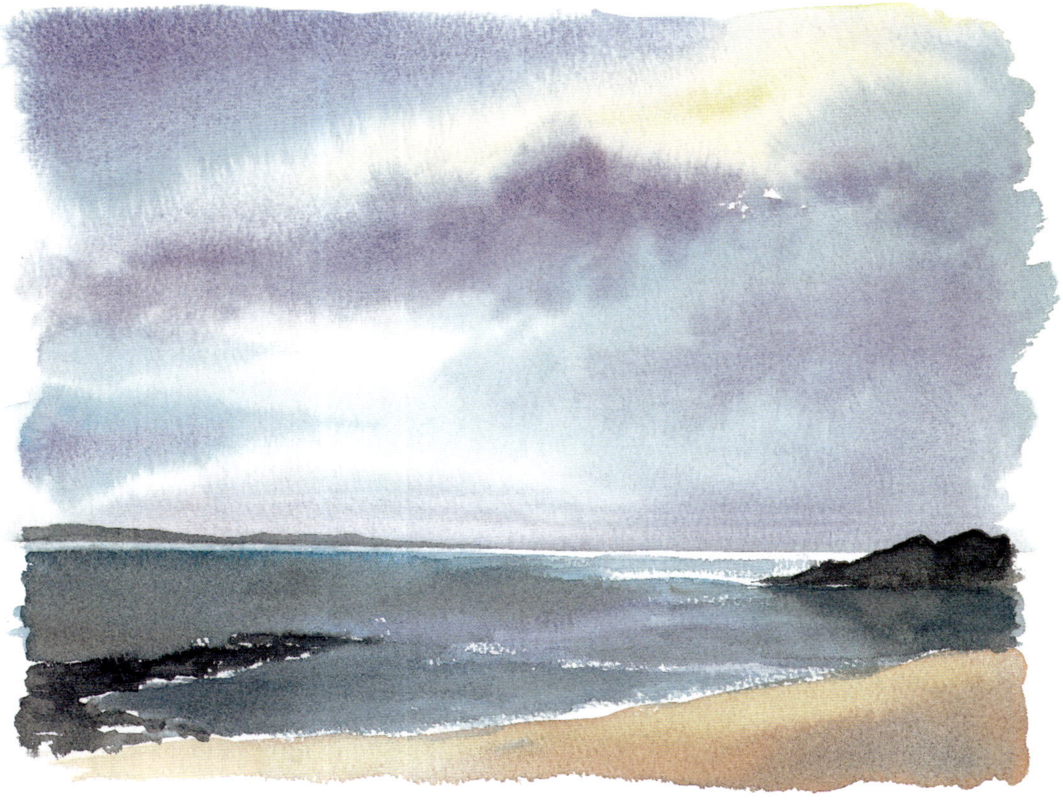

Les nuages projettent des ombres sur l'eau, et leurs couleurs doivent être bien choisies. Les rochers sont intéressants lorsque les vagues se brisent sur eux. De plus, ils contribuent à accentuer la sensation de profondeur en attirant l'œil vers l'horizon.

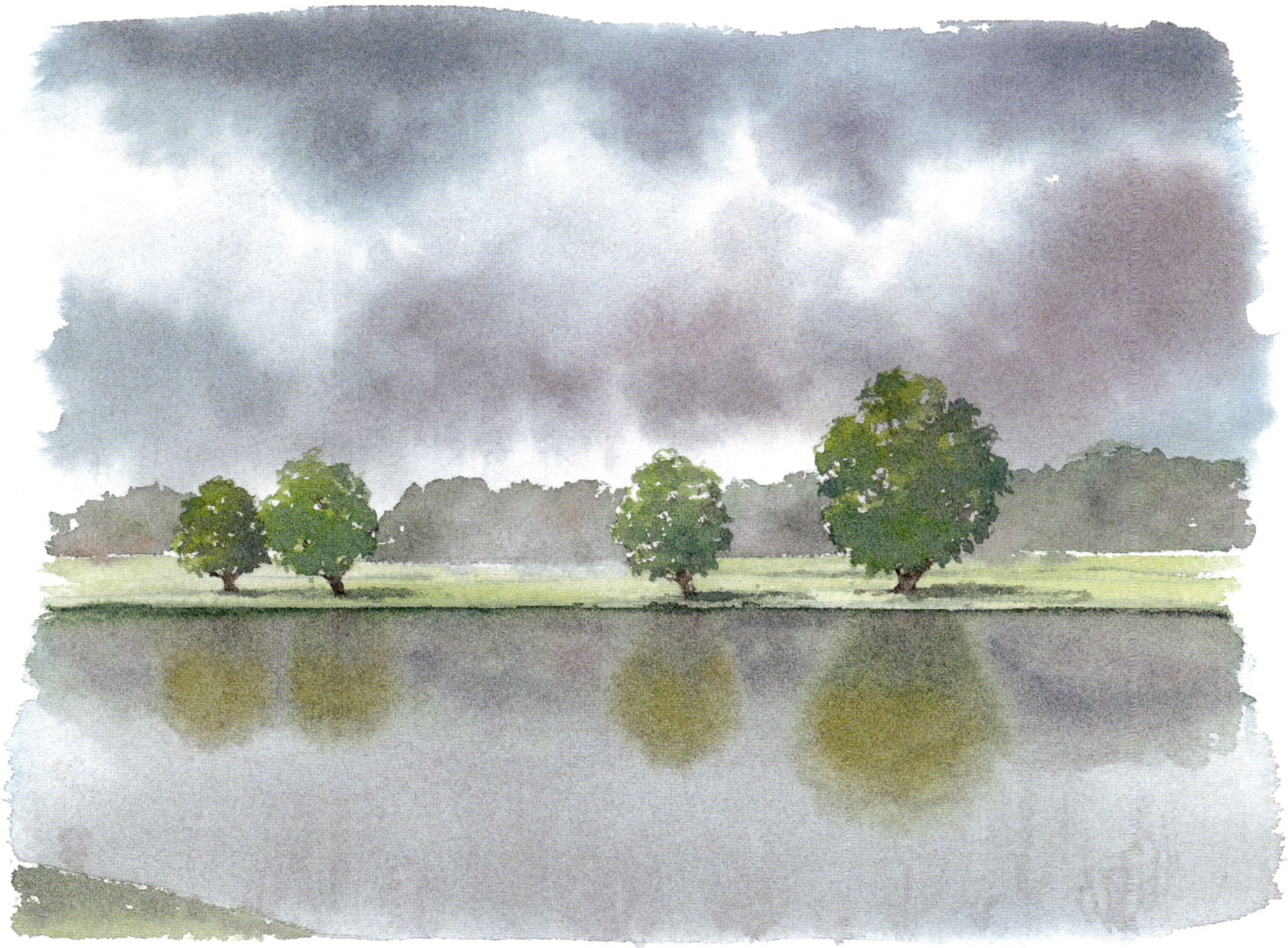

Les cours d'eau tranquilles ont des reflets nets. Peignez ce que vous voyez, en notant les changements de tonalités et les zones de reflets obscurcies par le rivage.

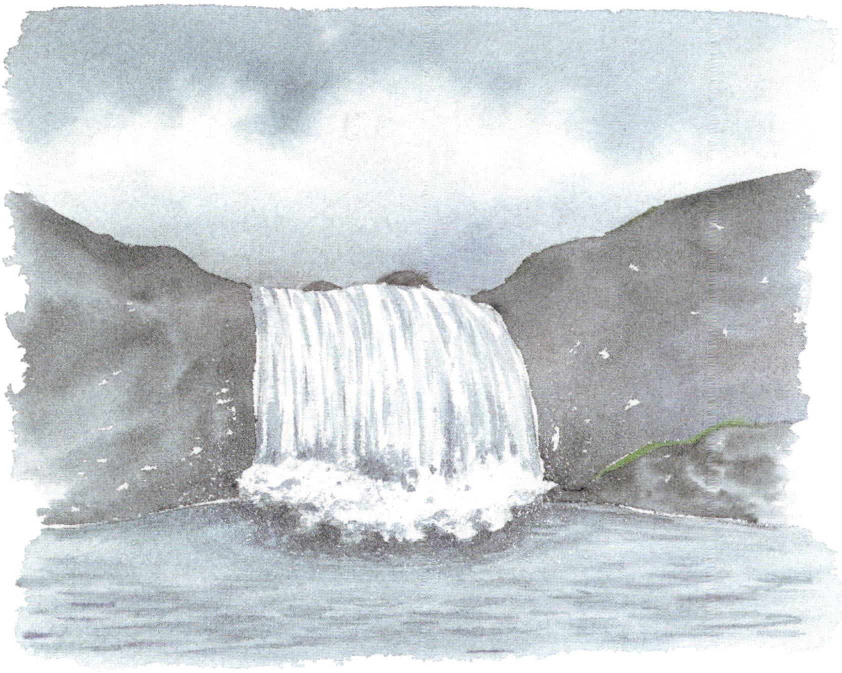

Les chutes apportent de l'intérêt et du mouvement, et aident l'œil à parcourir l'espace pictural. L'écume peut être rendue par du blanc opaque, ou par projection de cette couleur.

Croquis et peinture en plein air

Il est certes possible de travailler à partir de photographies, mais rien ne permet d'obtenir des résultats aussi spontanés et dynamiques que la peinture en plein air. Cependant, bien des débutants trouvent cela difficile pour de nombreuses raisons, en particulier le fait qu'ils risquent d'être submergés par le nombre de détails qui s'offrent à leur vue. C'est une aptitude personnelle que de pouvoir simplifier ce que l'on voit.

Un peintre en plein air, même dans un endroit peu fréquenté, attire généralement l'attention. Cela peut vous distraire et vous déstabiliser. Essayez d'adopter une attitude détendue à l'égard des passants. En réalité, leur opinion ne compte pas et vous n'avez pas à prendre en compte les conseils ou les critiques peu flatteuses.

Peindre en groupe pourra vous aider. Si vous êtes plusieurs, l'attention du public sera dispersée, ce qui allégera la pression. Et par ailleurs, en partageant celle-ci, vous aurez davantage confiance en vous et vous vous sentirez soutenu.

Choisissez bien votre sujet. Placez-vous si possible hors de la vue du public et

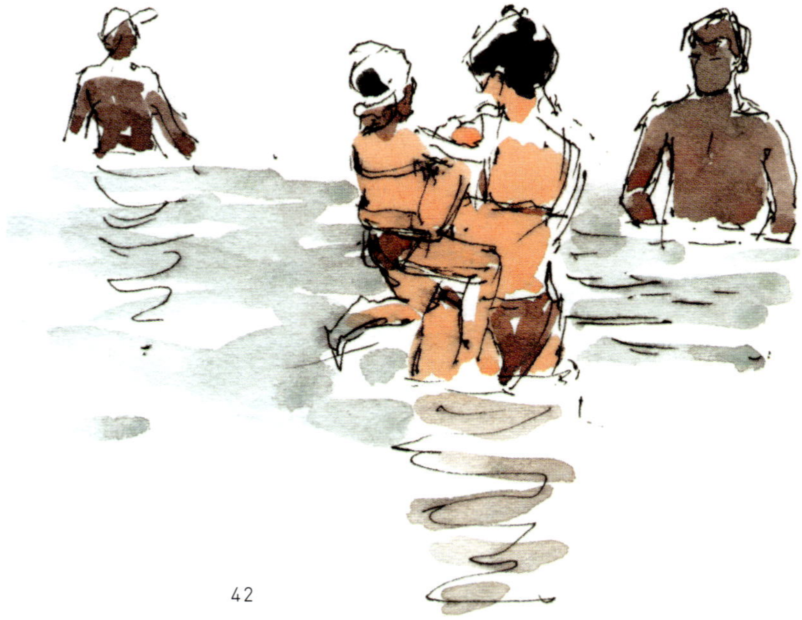

Voici un croquis rapide à la plume et à l'encre aquarellée. Des touches de blanc du papier accentuent l'aspect dansant à la surface de l'eau et donnent du relief aux personnages.

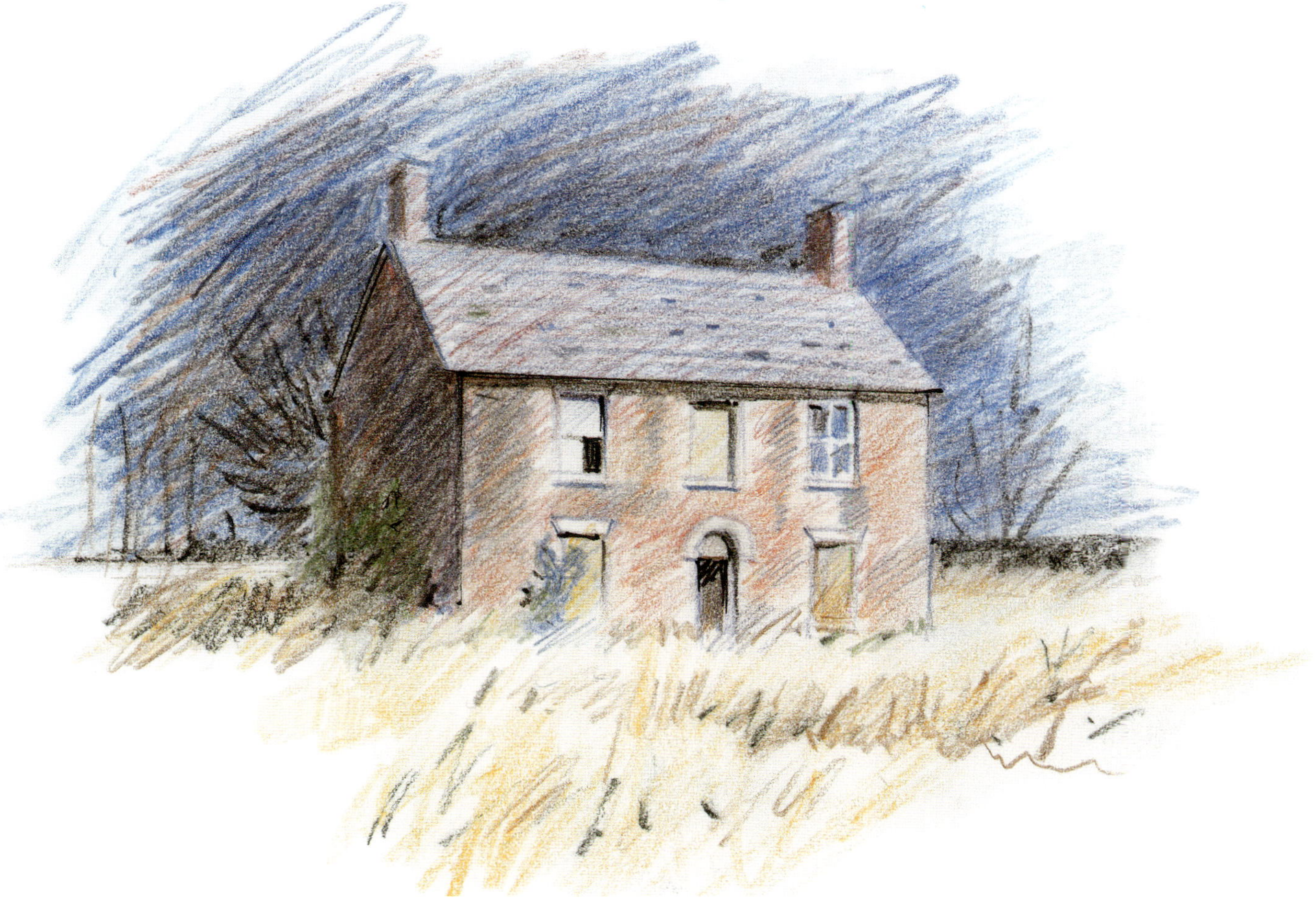

protégez-vous du soleil. Assurez-vous tout de même que vous n'avez pas pour cela sacrifié un point de vue favorable à une bonne composition. Il est utile de passer un moment à explorer votre sujet pour vous familiariser avec lui et trouver le meilleur point de vue. Asseyez-vous quelques instants et pensez à définir le genre de tableau que vous voulez peindre. Quel sera votre centre d'intérêt ? Ne commencez votre peinture qu'après avoir répondu à cette question, vous éviterez ainsi des erreurs de composition.

Si vous disposez de peu de temps, votre matériel doit être limité. Un croquis à la plume et à l'encre, avec juste un peu de

En faisant vos croquis, ajoutez des notes pour préciser les couleurs particulières et les détails, le temps et les conditions de lumière.

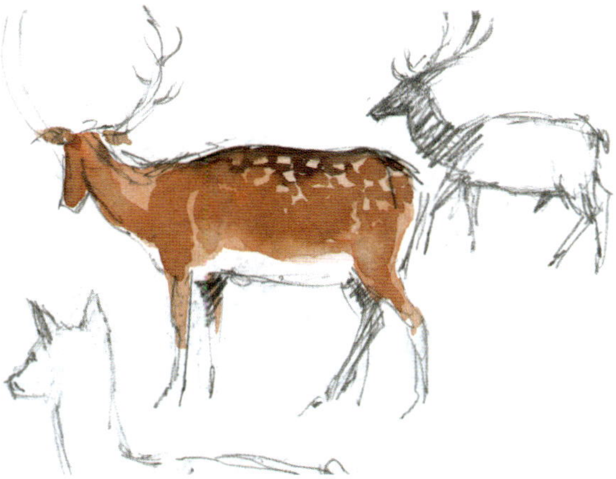

Plusieurs croquis, certains même inachevés, valent une seule étude très détaillée. Ils confortent votre conception de la structure d'ensemble et des formes du sujet choisi.

couleur ajoutée, peut produire un résultat très satisfaisant. Ne vous attardez pas trop sur les détails. Placez les grandes formes et les structures tonales en suggérant les détails, ou faites de plus petits croquis de ces derniers avant de les incorporer dans la scène finale.

Au cours de vos déplacements, ne vous encombrez pas. L'aquarelle est idéale, car c'est l'un des matériels les plus faciles à transporter. Outre votre papier et votre carnet de croquis, n'emportez qu'une petite boîte de couleurs, une paire de pinceaux, un crayon et une bouteille d'eau. Une ombrelle peut aussi être utile, contre le soleil ou la pluie. Choisissez des vêtements adaptés à d'éventuels changements de temps. Il existe un autre problème, celui des variations très rapides de la lumière. Vous devrez probablement travailler vite et ne rapporter qu'une série d'études plutôt qu'un tableau achevé. Il vous sera utile alors de prendre des notes sur la couleur et l'atmosphère, pour le cas où vous auriez à terminer votre travail chez vous.

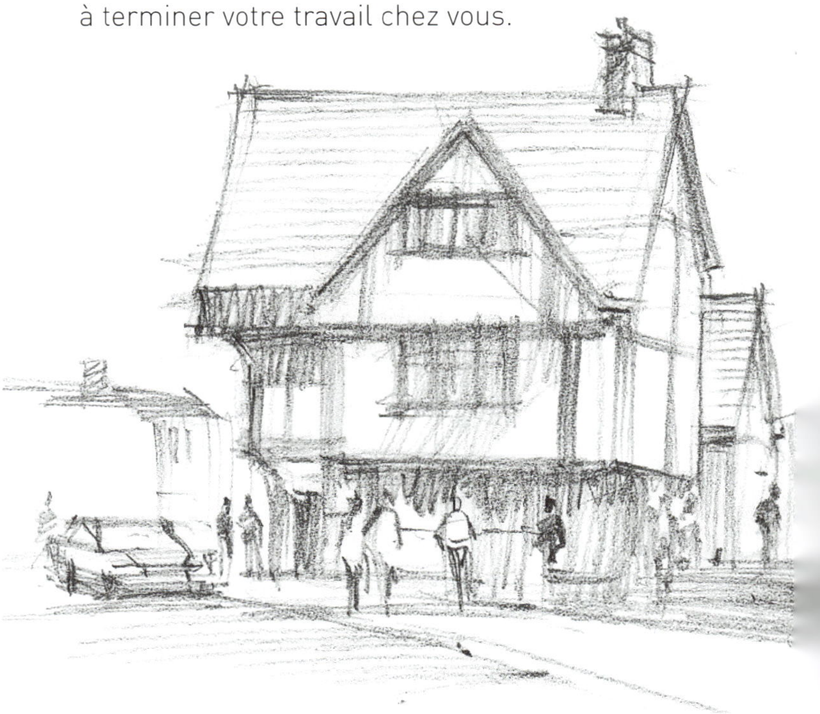

Avec un cahier de croquis et un crayon tendre, vous pouvez réaliser des études détaillées d'édifices ou d'éléments d'architecture. Elles vous serviront plus tard pour un dessin ou une peinture plus aboutis.

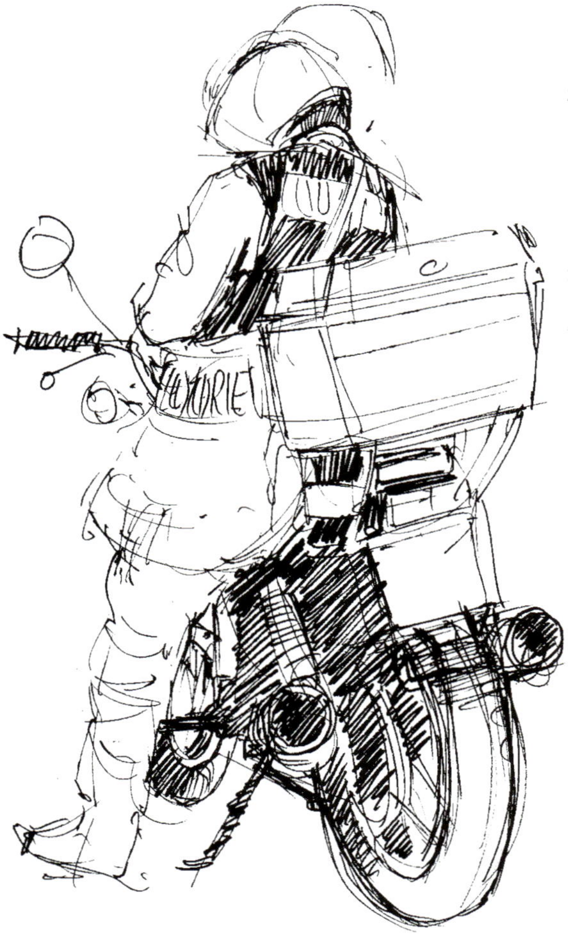

Des personnages dans une scène de rue paraîtront plus vrais s'ils ont une activité. Des études, comme ce croquis à la plume d'un coursier à moto, vous fourniront un « catalogue » de personnages que vous replacerez plus tard dans des paysages urbains.

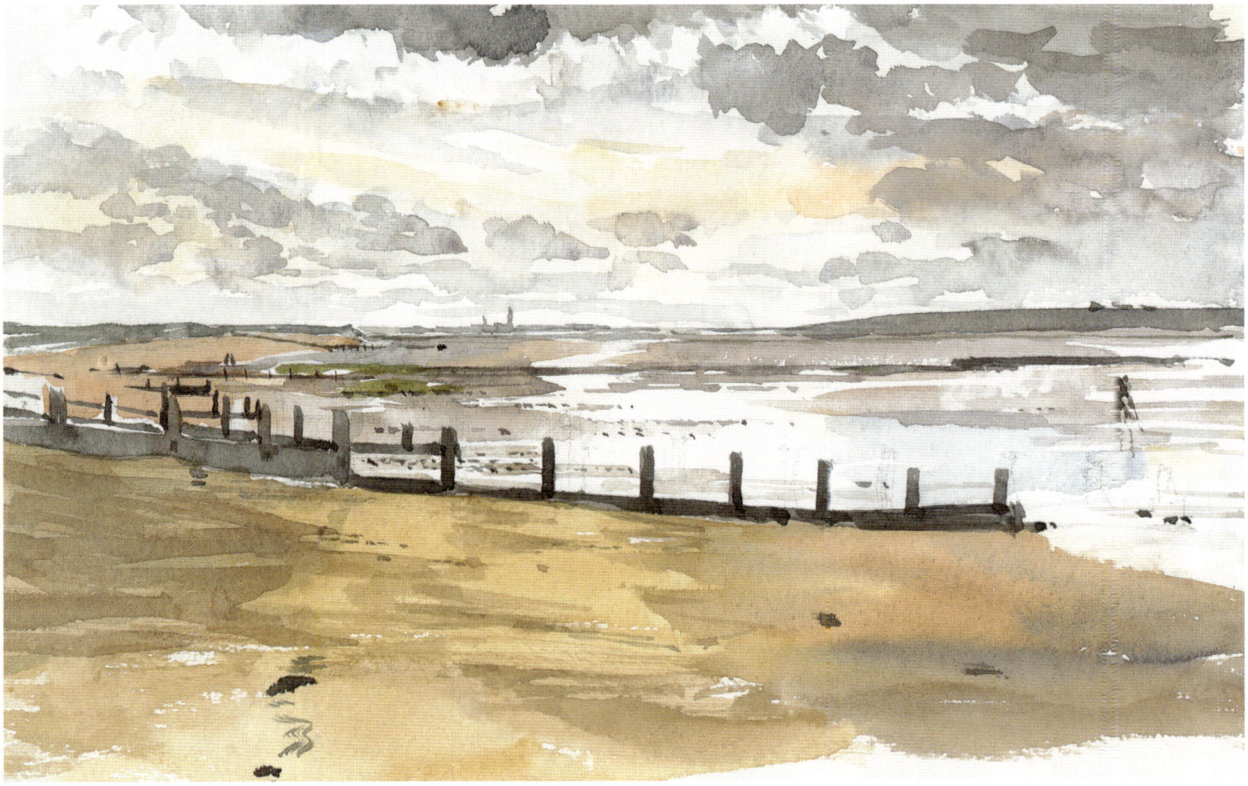

Lorsque les estivants sont rentrés chez eux, la plage prend le soir un aspect totalement différent. Cette étude en couleur a été peinte sur un papier tendu au préalable (voir page 12). Remarquez la façon dont les formes solides et sombres du brise-lames accentuent la luminosité du ciel et de l'eau.

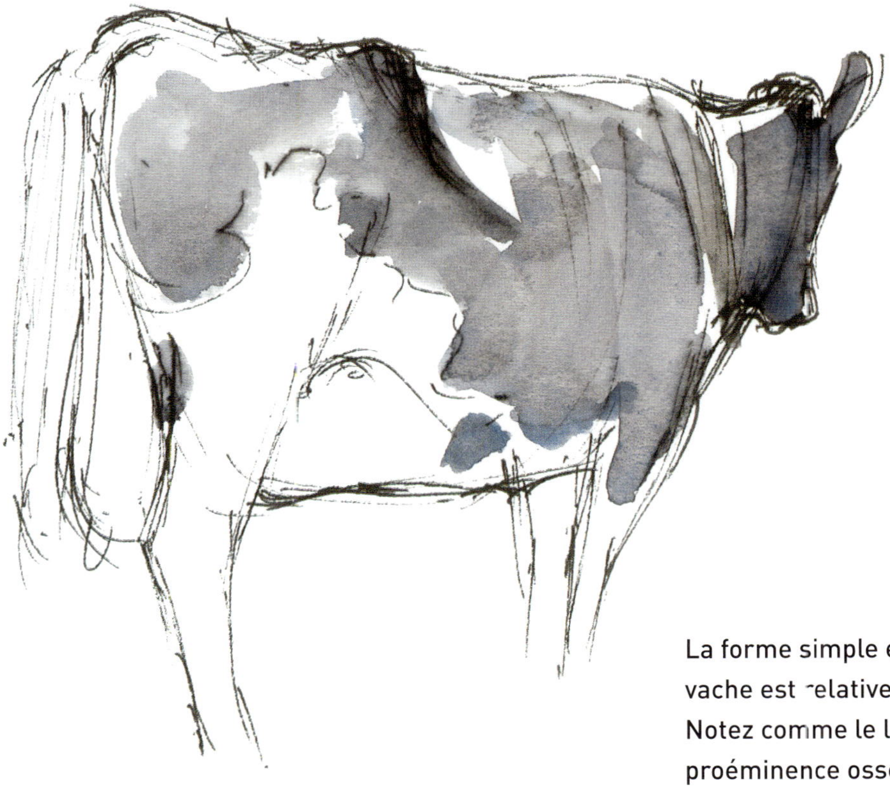

La forme simple et compacte de cette vache est relativement facile à dessiner. Notez comme le lavis d'encre traduit la proéminence osseuse de l'arrière-train.

Les paysages à l'aquarelle

Les paysages doivent être de préférence peints en plein air, plutôt que d'après photographie : une peinture exécutée sur le vif a une fraîcheur et une spontanéité que l'on atteint difficilement en atelier.

Bien que l'aquarelle soit un médium spontané, il vous faut travailler méthodiquement pour que votre œuvre soit fraîche et vivante ; trop de lavis superposés donnent un résultat confus. Prenez le temps de déterminer la succession des lavis et appliquez-les rapidement. Travaillez toujours du clair au foncé : débutez par les tons pâles, en couches légères et larges, et atteignez les tonalités foncées par de fines couches de couleur. Établissez tout d'abord de grandes surfaces de couleur, en travaillant largement avec vos plus gros pinceaux. Laissez pour plus tard les finitions des détails, ajoutées avec un pinceau plus petit, si nécessaire.

Utiliser une gamme limitée de couleurs est non seulement pratique pour le travail en plein air – plus votre matériel est réduit, mieux c'est – mais aussi profitable pour votre peinture, si vous êtes désireux d'obtenir un équilibre coloré harmonieux. Une variété de verts dans un paysage peut être obtenue en ne mélangeant qu'un bleu et un jaune ; avec plus de bleu dans le mélange, vous avez des verts plus foncés et plus froids ; avec plus de jaune, ils seront plus clairs et plus chauds. Et comme les mêmes couleurs se répètent, cela aide à relier les images entre elles, et donne une unité appréciable à l'ensemble.

[1] Fixez du papier ordinaire sur une planche ou employez un carnet de croquis pour esquisser très légèrement votre composition au crayon HB. N'indiquez pas les nuages s'ils doivent être très légers et imprécis. Mouillez ensuite le papier à l'eau claire.

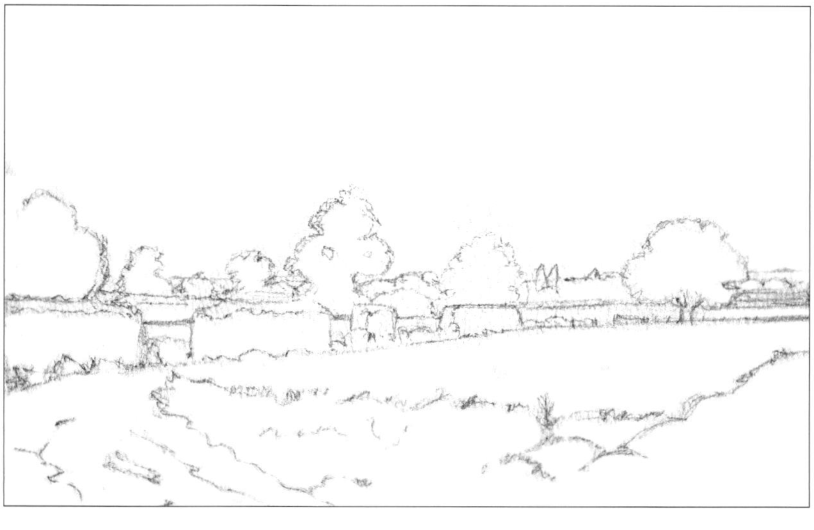

[2] Employez un pinceau rond moyen et une palette limitée : bleu outremer, jaune citron, terre de Sienne naturelle. Commencez par le ciel, en réservant des formes irrégulières pour les nuages. Peignez le bas de ceux-ci en terre de Sienne. Notez la perspective des nuages, qui paraissent plus sombres et plus petits à mesure qu'ils se rapprochent de l'horizon. Colorez ensuite le champ de blé, les arbres et les meules de foin, en mélangeant le bleu avec le jaune pour les verts, et avec la terre de Sienne pour le champ de blé.

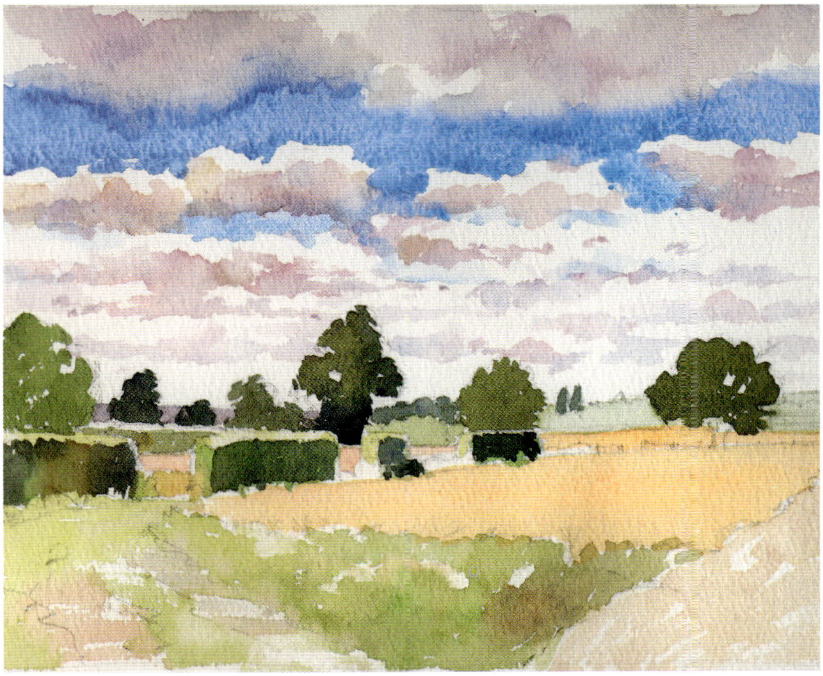

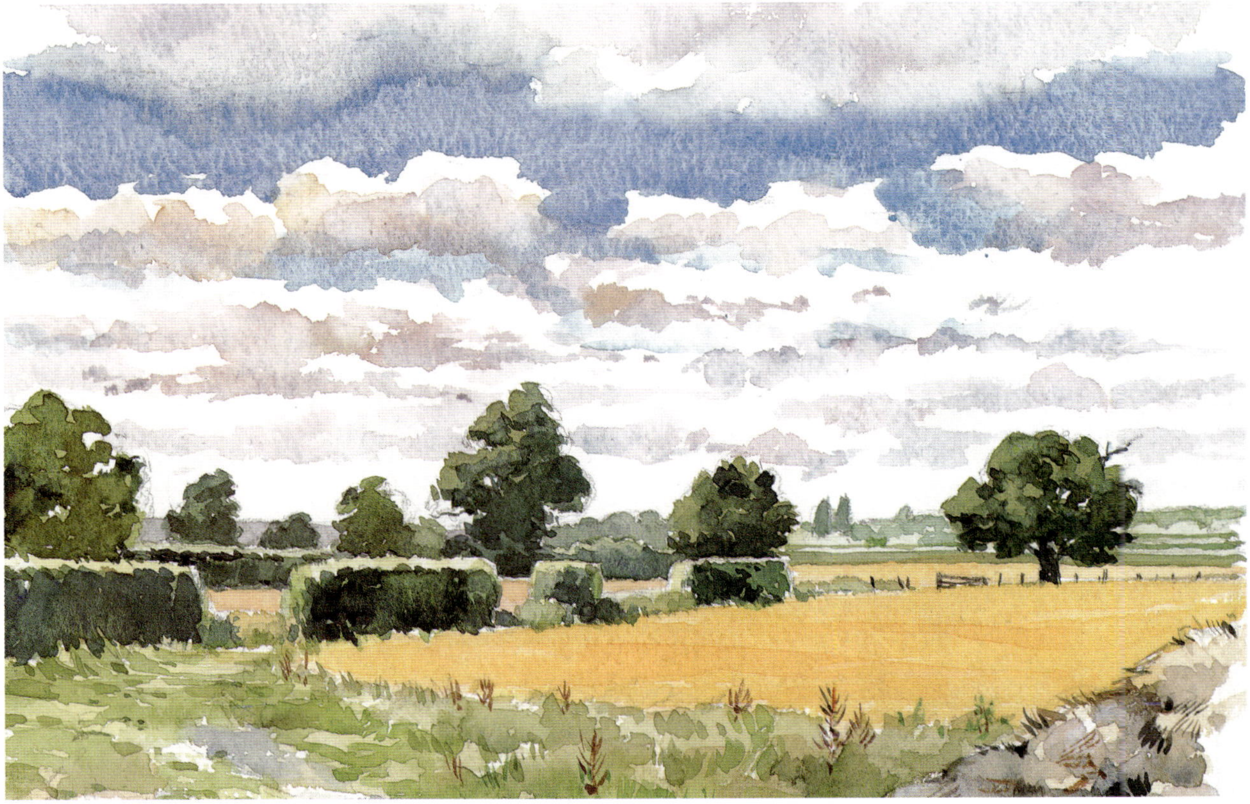

[3] Laissez sécher, puis appliquez les couches de couleurs plus vives, en précisant graduellement les formes, par fines couches. Employez du vert foncé pour modeler la forme des arbres et des meules de foin avec des ombres. Utilisez la pointe du manche du pinceau pour les détails plus petits.

Conseils pour le paysage

Il y a de très nombreuses manières d'envisager la peinture d'un paysage, surtout en plein air, mais nous ne retiendrons que quelques principes et rappels pour vous guider. La première chose est d'être inspiré et de faire passer l'essentiel du contenu et de l'atmosphère sur le papier.

1. Un paysage peut paraître très riche, aussi soyez sélectif. Pensez à ce que vous voulez traduire dans votre peinture. Est-ce la lumière, l'atmosphère ou le rythme des formes ? Quel sera votre point focal ? En faisant cela, vous créez une représentation plus précise et plus vigoureuse.

2. Ne vous croyez pas obligé de peindre exactement tout ce que vous avez sous les yeux, à moins que vous ne cherchiez à faire une description minutieuse d'un paysage. Si la composition est meilleure en changeant un ou deux éléments du sujet, ou en ajoutant un qui soit imaginaire, n'hésitez pas !

3. Choisissez un point focal précis. Conduisez l'œil du spectateur à travers l'espace pictural.

4. Sachez utiliser les mélanges de verts. Certes, vous en trouverez en tubes, mais la nature en présente une telle variété, selon la lumière éclairant le paysage, qu'il vaut mieux essayer de les faire soi-même. N'employez que le bleu et le jaune. Vous en obtiendrez aussi une gamme plus étendue en ajoutant des terres de Sienne ou du noir. Jouez avec votre palette !

5. Contrôlez votre composition. Regardez votre œuvre dans un miroir pour la vérifier. Vous aurez ainsi une vue toute différente de votre travail.

6. Évaluez votre gamme de tons. Pour cela, prenez une photo numérique de votre peinture, passez-la en noir et blanc sur votre ordinateur, afin d'analyser l'effet produit par votre gamme de tons. Si vous n'avez pas d'ordinateur, vous pouvez la photocopier en noir et blanc.

En transformant votre peinture en noir et blanc, par ordinateur ou photocopieuse, vous aurez immédiatement la répartition des tons et leur équilibre.

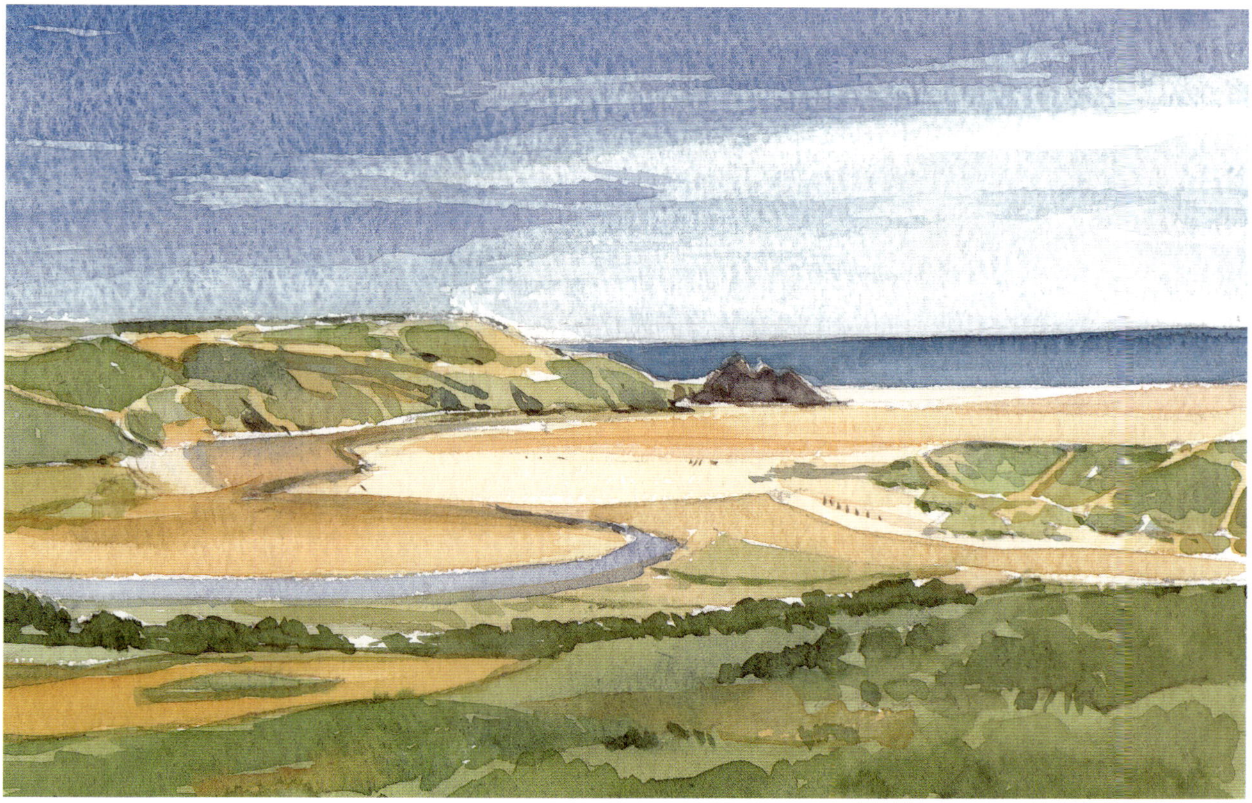

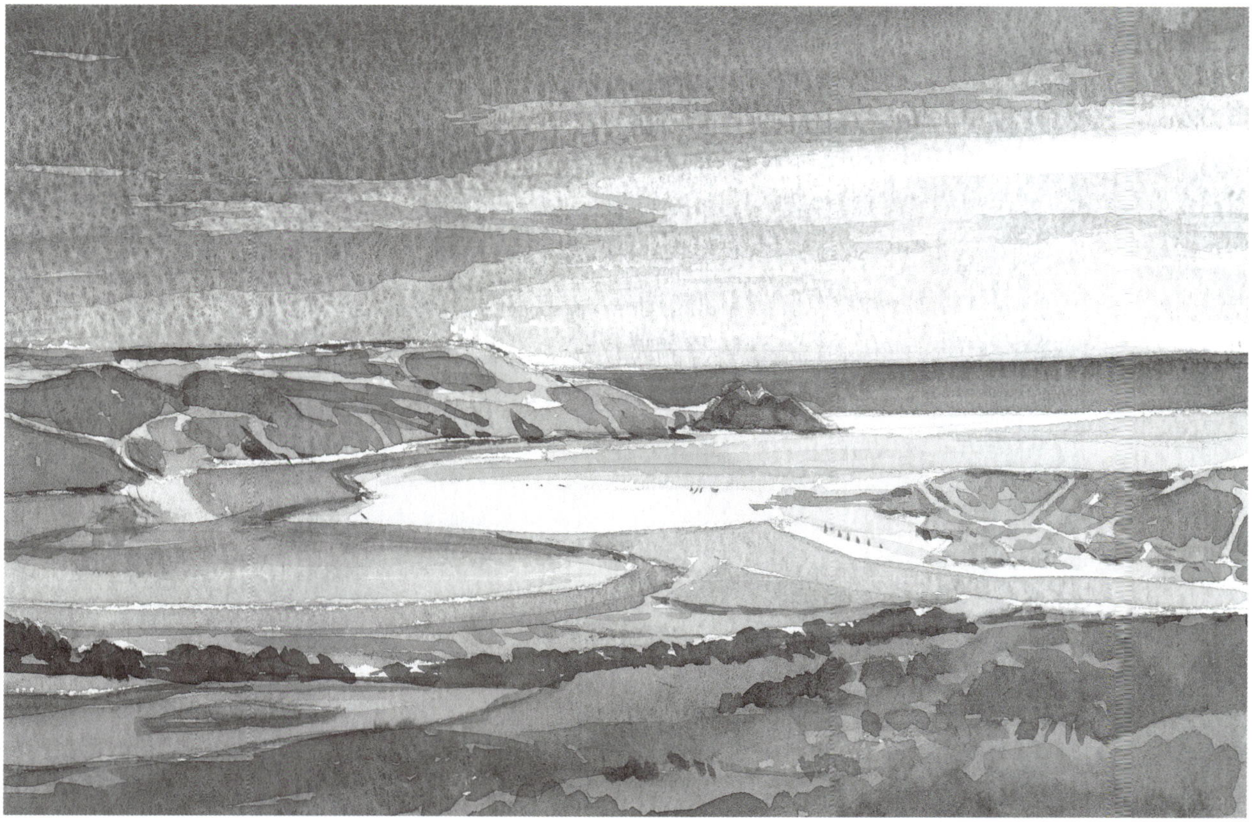

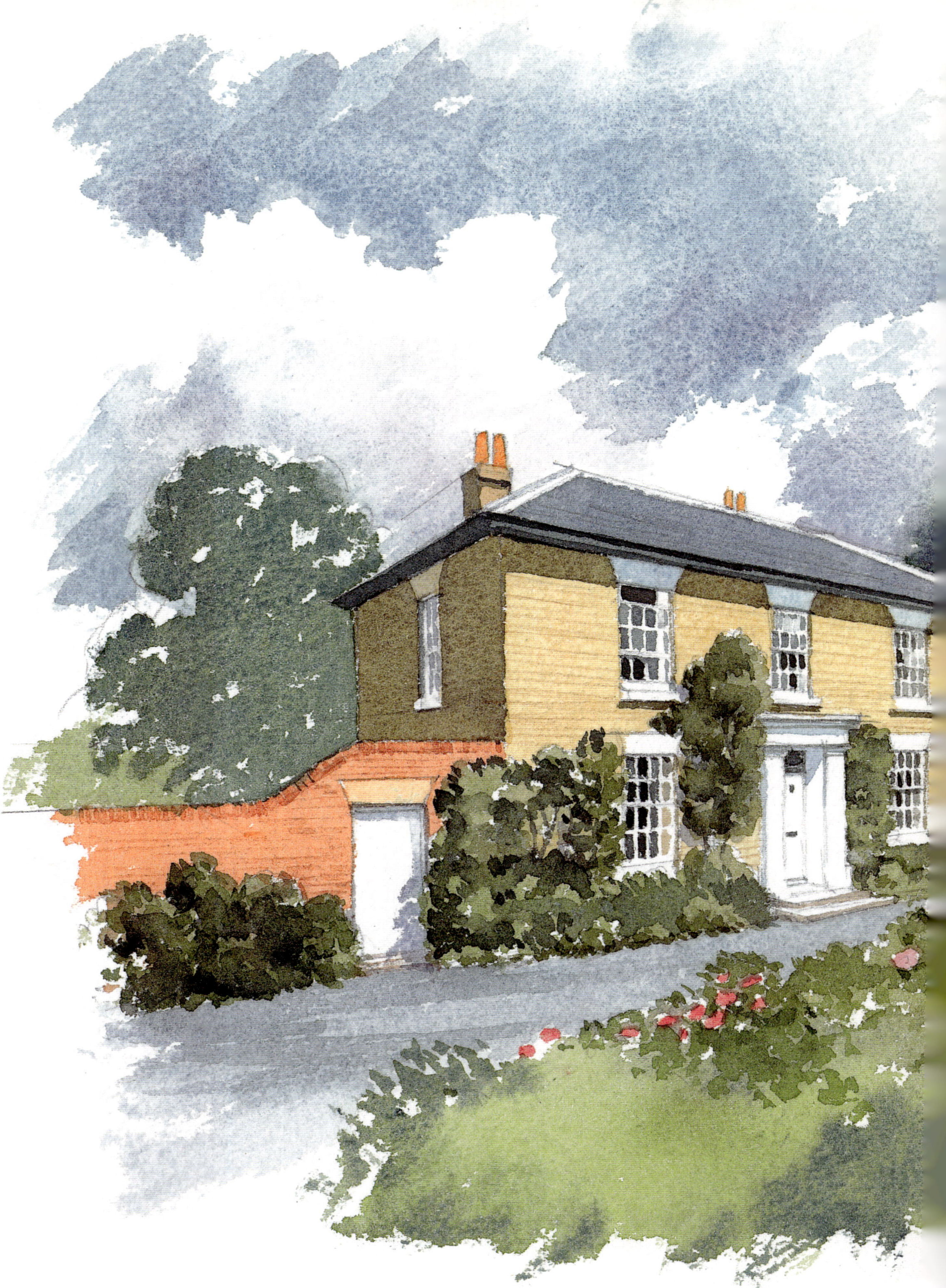

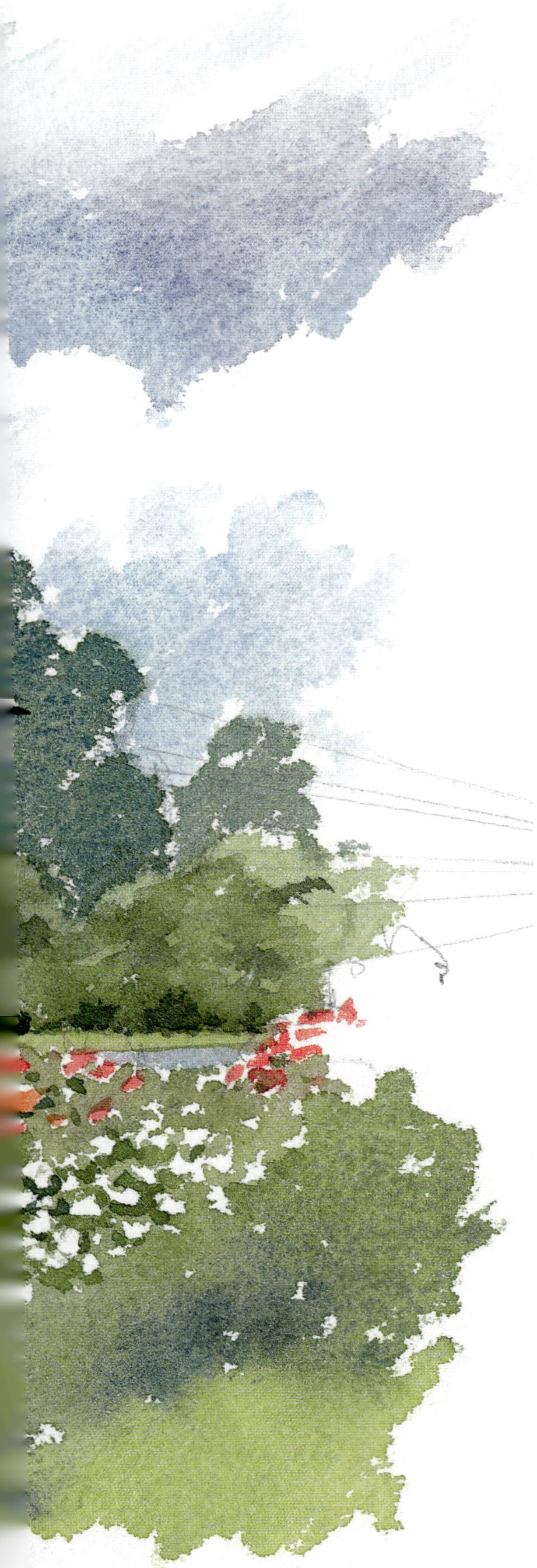

Les bâtiments

Si l'atmosphère des paysages de campagne est une source infinie d'inspiration, les villes et les villages ne sont pas négligeables, car les maisons fournissent bon nombre de motifs artistiques. Chaque bâtiment a son propre style, en rapport avec son environnement. Les maisons et les scènes de rue offrent des sujets aisément accessibles.

Promenez-vous dans votre quartier et vous rencontrerez une foule de formes, de sujets et de textures offrant une bonne matière pour un travail intéressant.

L'environnement urbain est source de découvertes intéressantes, qu'il s'agisse de détails de maisons individuelles observées de près ou de rues animées de passants et de voitures.

Différents types de bâtiments

Une maison, un immeuble, une résidence de vacances, une cour de ferme, un terrain vague... Tous constituent une perpétuelle source d'inspiration, ainsi que des occasions de produire des dessins originaux.

Faire une étude détaillée d'une construction est d'un double profit : en travaillant la perspective, les formes, les tons, vous accroissez vos connaissances en dessin. Par ailleurs, vous y gagnerez une meilleure appréciation de vos possibilités.

Que ce soit à la ville ou à la campagne, vous êtes sûr de rencontrer une construction intéressante qui vous inspirera un dessin.

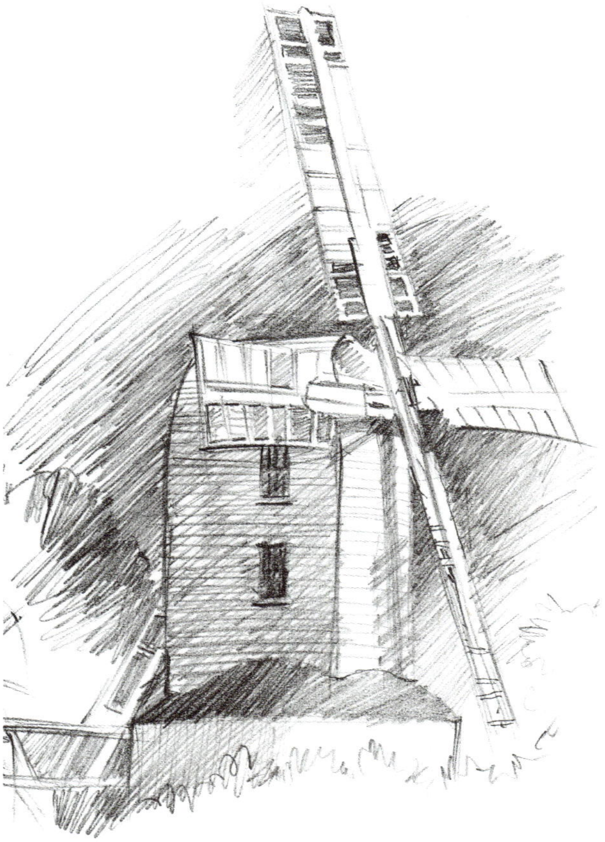

Il n'est pas nécessaire de vous astreindre à dessiner de grandes cathédrales, d'imposants immeubles ou des édifices pittoresques : de vieilles maisons délabrées ont souvent plus d'attrait que les « beaux » édifices. Les ruines sont des sujets très attirants, qui se prêtent à une interprétation personnelle, car elles ont survécu au temps et changé de forme.
Les édifices modernes, avec leurs puissantes formes géométriques, leurs façades vitrées étincelantes et leurs colonnes d'acier élancées, fournissent aussi des sujets intéressants.
Dans l'héritage industriel de nombreuses villes, il y a des usines, des quais, des cheminées et des grues ; ce ne sont pas les structures les plus plaisantes, mais vous pouvez créer avec elles une ambiance particulière, par un dessin au lavis qui saisira le jeu de la lumière sur une façade ornée.

Par un simple dessin au crayon, essayez d'établir un rapport entre l'édifice que vous dessinez et son environnement. Ici, de vigoureuses hachures rattachent le moulin au ciel.

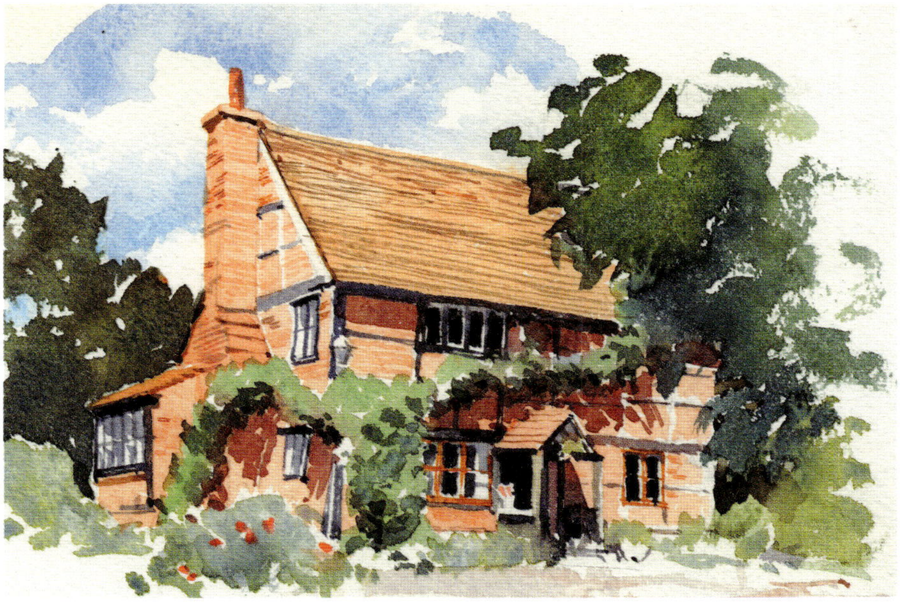

Beaucoup de vieux bâtiments paraissent surgir naturellement dans le paysage où ils sont placés. Essayez d'obtenir une harmonie semblable dans vos dessins, en employant les mêmes techniques libres pour peindre le sujet et le paysage.

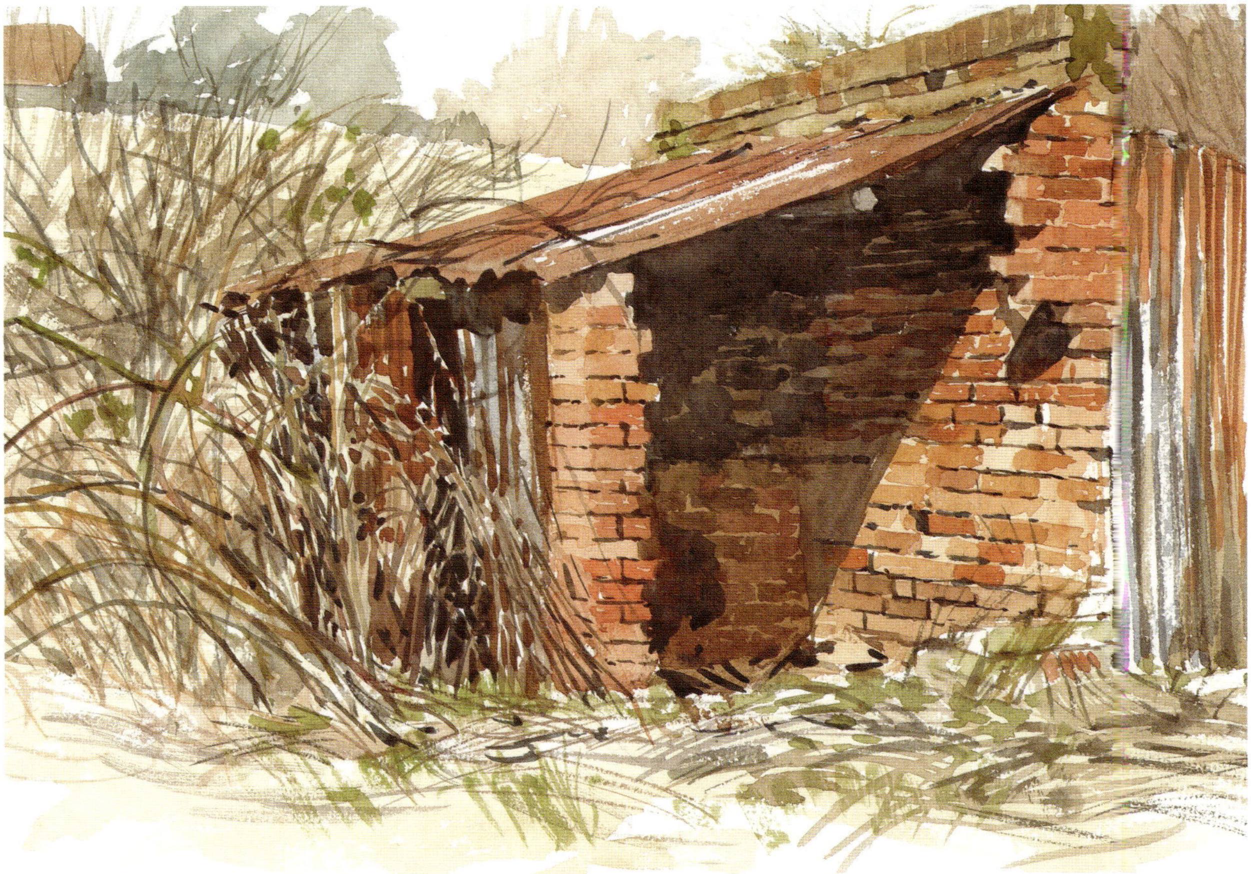

Les fermes en ruine sont parfois si bien intégrées dans le paysage qu'elles apparaissent comme des formes organiques, à l'égal des arbres et des collines qui les entourent. De cette étude se dégage une harmonieuse interférence des textures : briques effritées, tôles rouillées et ronces envahissantes.

Croquis de détails

Les croquis et études sur place d'édifices entiers sont profitables, mais il en est de même de leurs détails particuliers et de leurs textures. Vous pourrez, grâce à eux, compléter vos peintures chez vous.

Les maisons sont souvent riches en détails qui leur donnent du caractère et en font des sujets très intéressants. Dans les immeubles anciens, en particulier, des éléments comme les arches, les balcons et les moulures constituent en eux-mêmes des motifs remarquables. Quand vous vous promenez, prenez toujours un carnet pour noter tout ce qui peut être intéressant. Un simple stylo peut décrire le tracé délicat de portes ou de balcons ouvragés. Reproduisez à l'aquarelle les vérandas colorées et les auvents des boutiques qui jettent des notes vivantes dans le cadre d'une rue commerçante.

Lorsque vous peignez une scène de rue, il n'est pas nécessaire de définir chaque

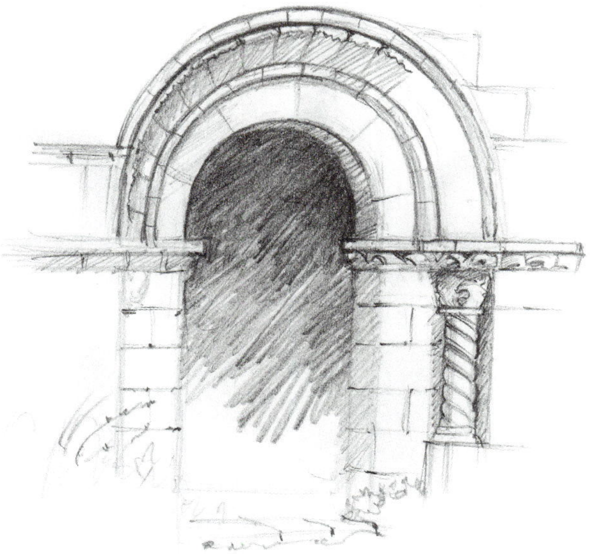

Une étude attentive des ombres renforce la solidité d'une arche romane, comme le fait ici ce petit croquis au crayon. Remarquez la graduation de l'ombre dans l'arche. Tenez votre crayon sur le côté pour les ombres larges et sur la pointe pour les détails précis.

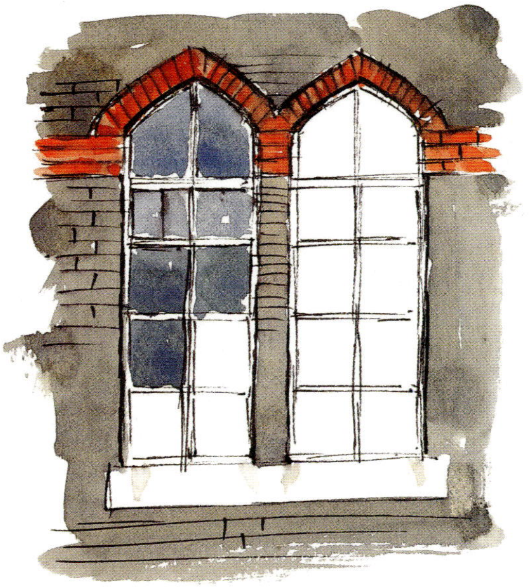

Ne soyez pas trop précis lorsque vous dessinez des fenêtres. Ici, les bords en lavis de couleur ne suivent pas exactement les lignes des carreaux, et certaines vitres ne sont pas peintes, ce qui aide à intégrer la fenêtre dans son environnement.

fenêtre, chaque brique ou tuile de toit, quand une simple surface de texture peut suggérer le tout. De brefs coups de pinceau et des pointillés donneront l'impression d'une profusion de détails, alors que des lavis nets créent du volume et de la solidité, ainsi que les jeux d'ombre et de lumière. Avec de l'expérience, vous apprendrez à suggérer les détails des édifices au lieu de les préciser.

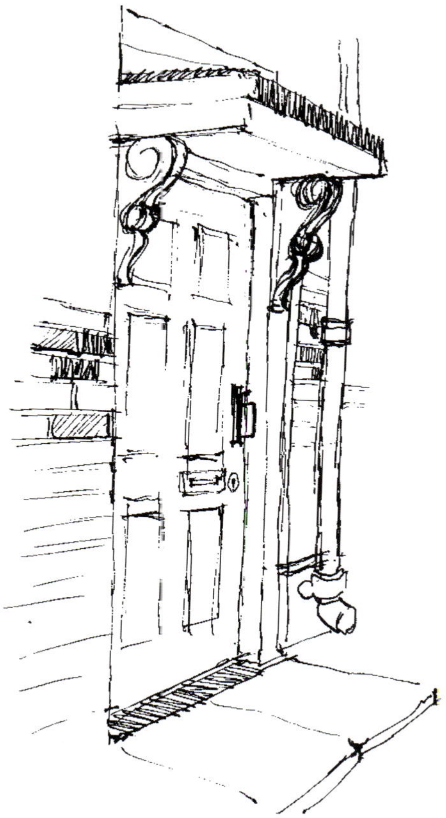

La plume et l'encre sont très efficaces pour noter les constructions et les détails architecturaux. Vous pourrez aussi bien faire un dessin achevé du sujet que prendre des notes manuscrites sur les couleurs, les tons et les détails.

La représentation d'un édifice vu du niveau du sol demande l'emploi de la perspective. Utilisez le crayon pour définir les lignes de fuite des toits et des cheminées.

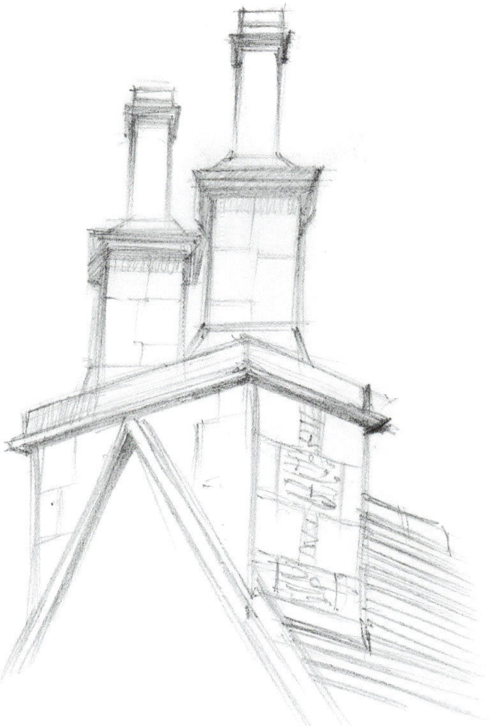

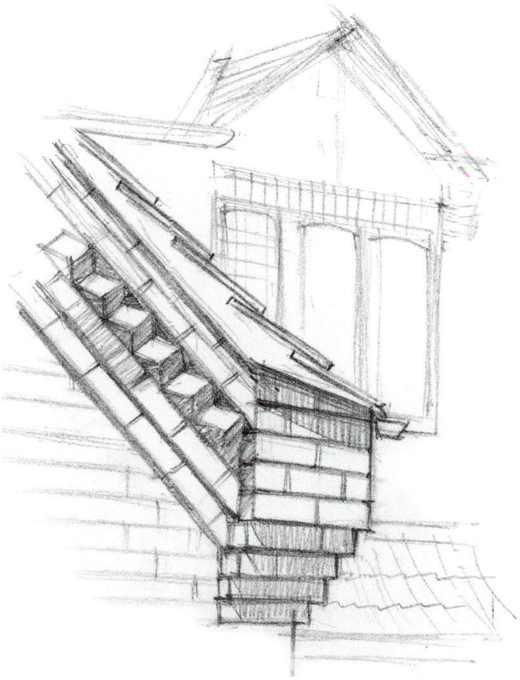

Le crayon est approprié pour dessiner en détail des constructions. Ici, un crayon 3B reproduit l'agencement des briques et des tuiles de l'angle d'une maison.

Une maison à l'aquarelle

Les maisons peuvent constituer un très bon sujet de peinture. Leurs propriétaires commandent souvent à des artistes le « portrait » de leur demeure. La difficulté est de saisir ses caractères, sa fonction et ses rapports avec l'environnement et ceux qui l'habitent.

Si grande soit-elle, une construction sera toujours basée sur la forme d'un cube ou d'une série de cubes. Si vous savez dessiner une boîte en perspective, vous savez dessiner une maison. Et lorsque vous saurez bien le faire, le reste – portes, fenêtres, cheminées et balcons – se mettra aisément en place.

Choisir un point de vue

Lorsqu'une maison est le principal centre d'intérêt d'une peinture, il est important de la mettre en valeur et de dégager ses caractères propres. Tournez autour et cherchez le point de vue le plus flatteur. Décidez si la vue sera rapprochée ou si elle inclura des éléments de son environnement. La lumière est aussi très importante, et les ombres aideront à souligner les formes et à accentuer les détails et les textures. En règle générale, il vaut mieux dessiner ou peindre vers le milieu du jour, quand le soleil est haut et que la lumière projette un minimum d'ombres. Beaucoup d'artistes préfèrent cependant travailler tôt le matin et tard le soir, quand

[1] Faites un dessin soigneux de la maison au crayon bien taillé. Indiquez d'abord légèrement la ligne d'horizon. Tracez la ligne verticale du bord avancé de la maison. Dessinez les angles des lignes fuyantes du toit et prolongez-les vers l'horizon, afin de fixer les points de fuite de chaque côté de la construction. Il devient ainsi relativement simple de compléter la forme entière de la maison et de situer les angles des portes et des fenêtres. Vous pouvez alors indiquer légèrement le paysage environnant.

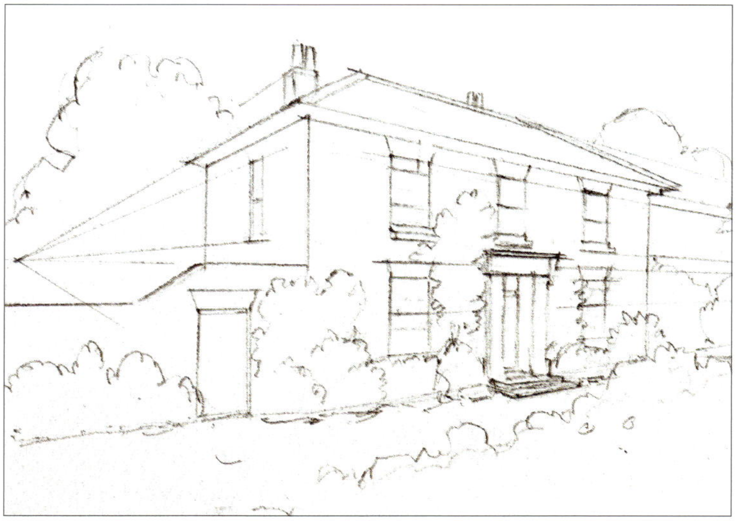

le soleil donne des ombres allongées et plus suggestives.

Cette maison est vue sous un angle de 45°, ce qui donne une perspective à deux points de fuite. Deux de ses murs sont visibles, et il y a ainsi deux ensembles de lignes convergeant vers des points de fuite différents. Comme vous le voyez ici, un point de fuite oblique accroît l'échelle de grandeur du bâtiment et conforte son volume et sa solidité en trois dimensions.

[2] Peignez le ciel et les arbres de l'arrière-plan, et laissez sécher avant d'appliquer la couleur principale de la maison. Placez ensuite le gazon, les fleurs et le feuillage devant la maison. Laissez sécher la peinture.

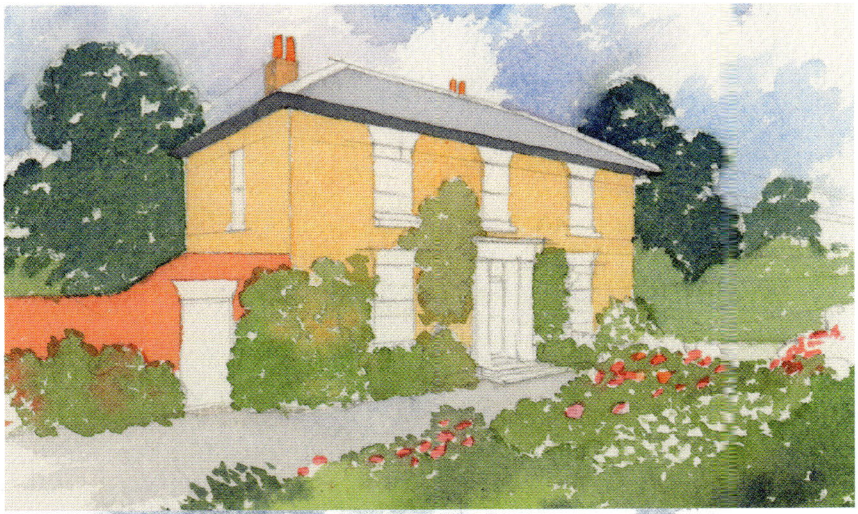

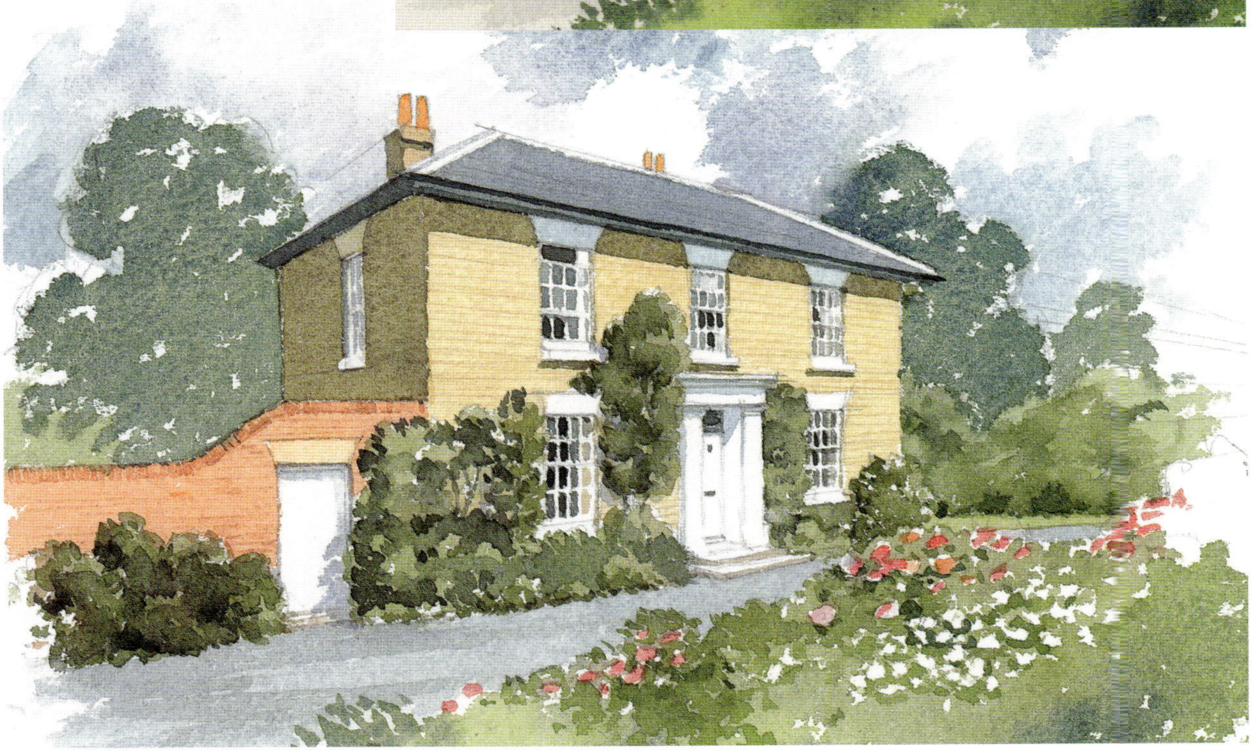

[3] Suggérez les carreaux des fenêtres par des carrés en tons moyens ou foncés, en laissant de minces bandes de blanc pour les barreaux. Passez un lavis foncé sur le mur latéral, sous les corniches et les rebords des fenêtres. Suggérez l'agencement des briques et ajoutez des détails dans le feuillage.

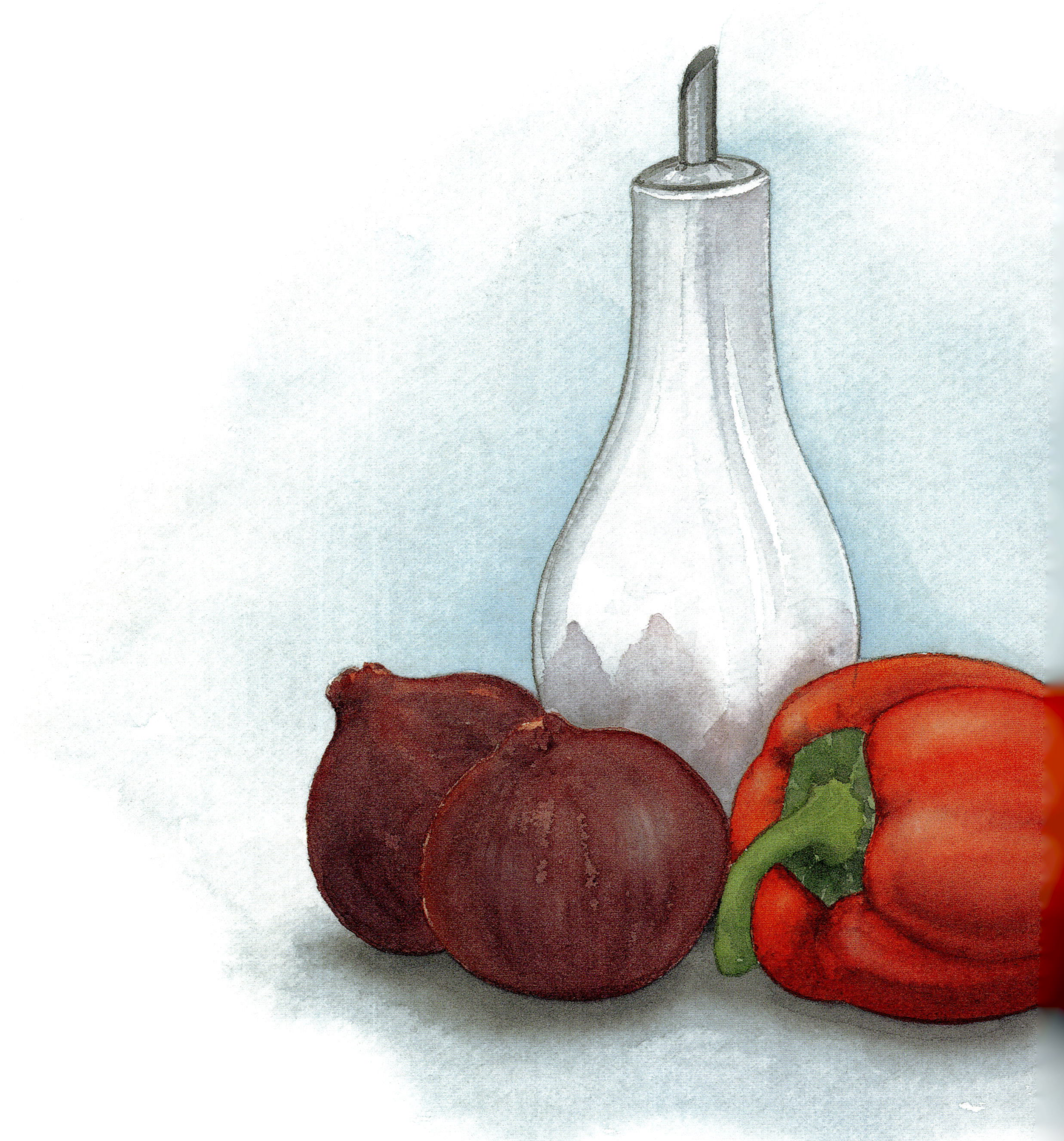

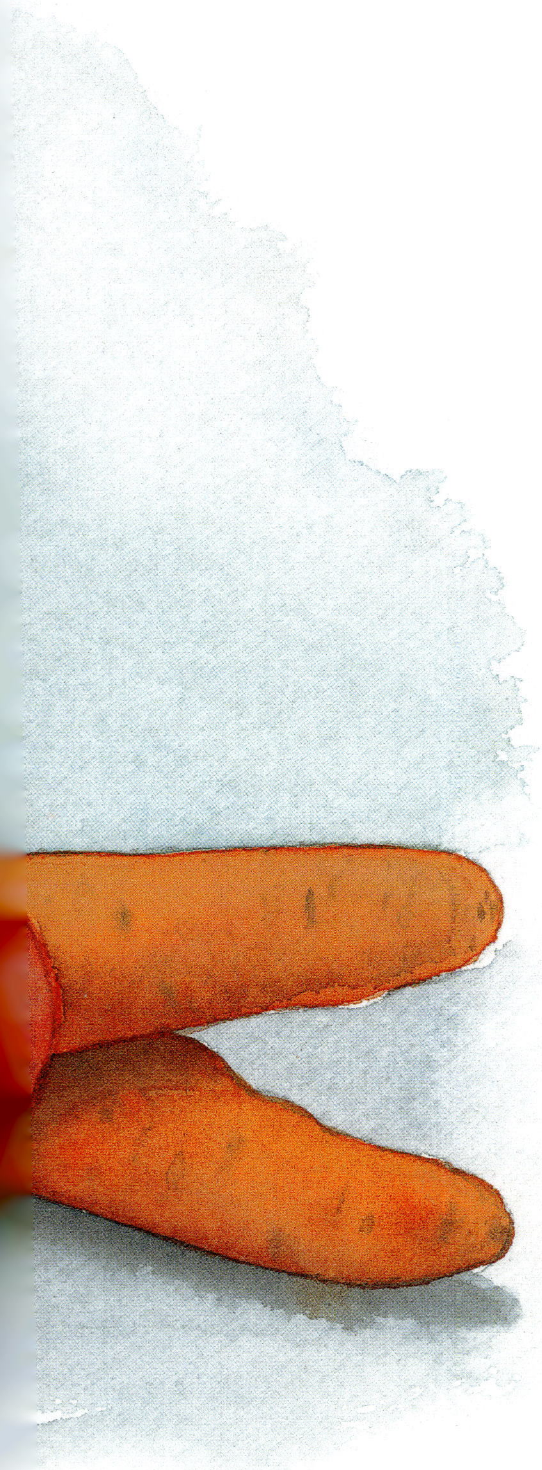

La nature morte

Que vous vouliez dessiner une nature morte pour réaliser une étude pour un tableau, ou simplement pour vous exercer, vous découvrirez que ce sujet ouvre d'intéressantes perspectives et pose de nombreux problèmes. Vous pouvez avoir envie de peindre un groupe d'objets déjà formé, rencontré par hasard, ou bien les disposer vous-même.

Beaucoup d'artistes écument les boutiques d'objets d'occasion ou les brocantes pour trouver pots, bouteilles ou cruches aux formes originales, qui sont une source infinie de sujets intéressants.

Vous pouvez aussi choisir des fleurs, ou encore constituer une collection de coquillages, de pommes de pin, de cailloux ou d'os pour les étudier tout à loisir chez vous.

La mise en place

La nature morte est un sujet assez simple, à condition de choisir vous-même les objets qui vont la composer. Bien à l'abri chez vous, vous pourrez contrôler la lumière, vous ne risquez pas d'être trempé par la pluie ou d'avoir froid... et votre sujet ne se déplace pas !

L'installation

Prenez garde à ne pas surcharger votre nature morte. Quelques objets simples, choisis pour leurs qualités de formes et de textures, vous donneront suffisamment de travail et de plaisir.

En général, les natures mortes sont meilleures quand elles ont un thème et qu'elles présentent une harmonie dans leur composition et leurs couleurs. Par exemple, prenez des objets ayant une relation entre eux : des fleurs et des fruits, de la vaisselle et des aliments, des plantes et des outils de jardin ; ce sont les assortiments les plus courants. Vous pouvez aussi être attiré par des objets particuliers en raison de leurs qualités esthétiques – forme, couleur, tonalité, texture – et les contrastes ou les affinités qu'ils expriment quand ils sont réunis.

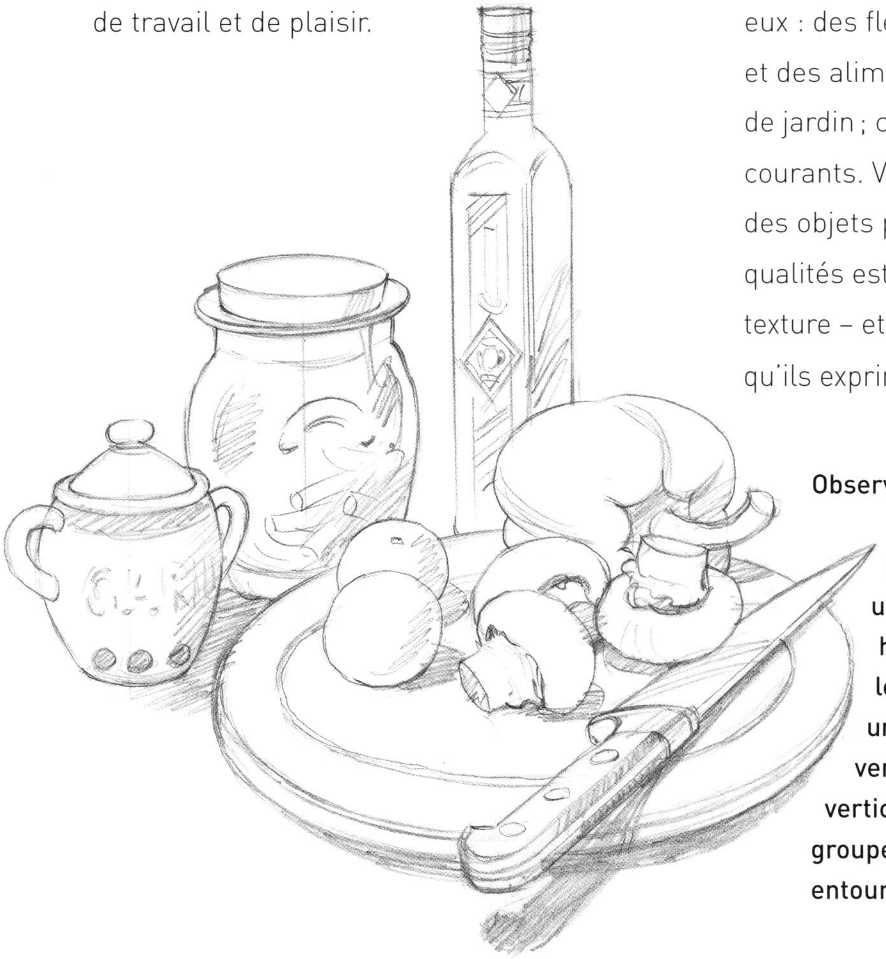

Observez la forme générale du groupe d'objets que vous avez disposés sur la table. Regardez-les à travers un viseur et décidez du format, horizontal ou vertical, qui les met le mieux en valeur. Ici, par exemple, un point de vue élevé accentue les forces verticales dans le groupe ; un format vertical conviendra donc bien. Le même groupe reproduit horizontalement serait entouré d'un espace vide trop important.

Groupement des formes

Après avoir disposé votre nature morte, tournez autour d'elle et prenez-en des croquis sous différents angles et points de vue, afin de trouver la meilleure composition. Chaque changement d'angle et de point de vue offre de nouvelles possibilités, que vous pouvez étendre : employez pour cela un viseur, afin de cerner de petites zones de l'ensemble et créer des compositions réduites mais attrayantes. Posez-vous des questions : la lumière forme-t-elle des ombres accentuant la forme des objets ? Y a-t-il une variété suffisante de formes et de contrastes de tonalité ? Examinez la relation entre les objets et entre les distances qui les séparent. Les formes « négatives » équilibrent-elles et renforcent-elles les formes « positives » de ces objets, afin de produire un dessin cohérent.

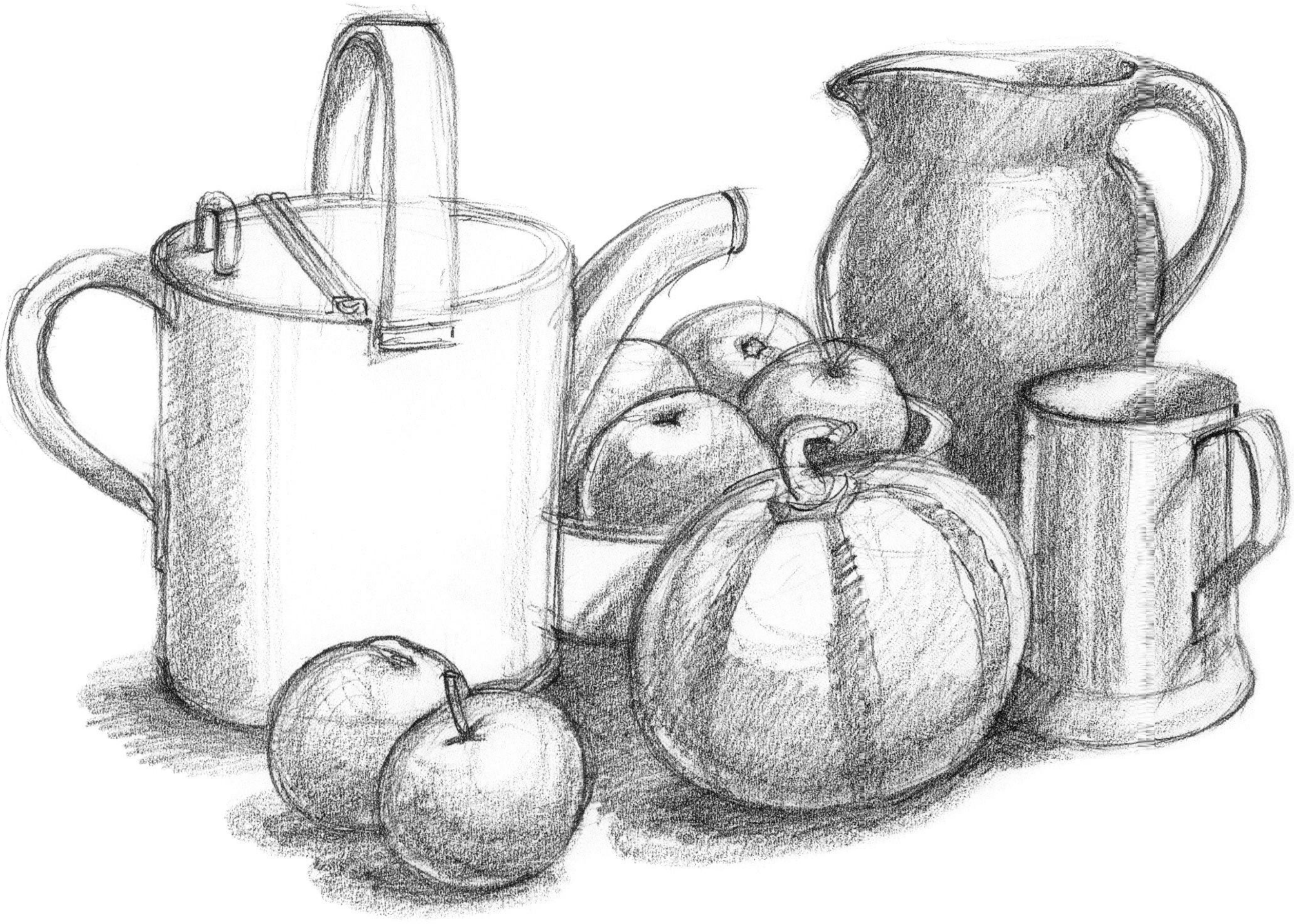

Ce groupe d'objets trouve bien sa place dans un format horizontal. Disposez votre nature morte de façon à accentuer la forme et la structure des objets, ainsi que les espaces qui les séparent. Soignez la relation de chaque objet avec les autres et veillez à la répartition des espaces. De petits arrangements – placer une pomme devant un vase plutôt que derrière – donneront une sensation de profondeur au dessin.

Textures et détails

Le fait de rendre les textures est très important si vous désirez obtenir des dessins réalistes. Les textures permettent d'apporter une touche décorative, tout en donnant de la vie à la composition.

Quand vous voulez suggérer une texture, passez en revue la gamme de marques dont vous disposez : coups de pinceau courts et serrés ; lignes nerveuses et ondulantes ; petits pointillés ; longues courbes et boucles, taches, traînées, mouchetures... Vous obtiendrez aussi un bon résultat en imitant les tons créés par les textures et en reproduisant les reflets de lumière produits par différentes surfaces.

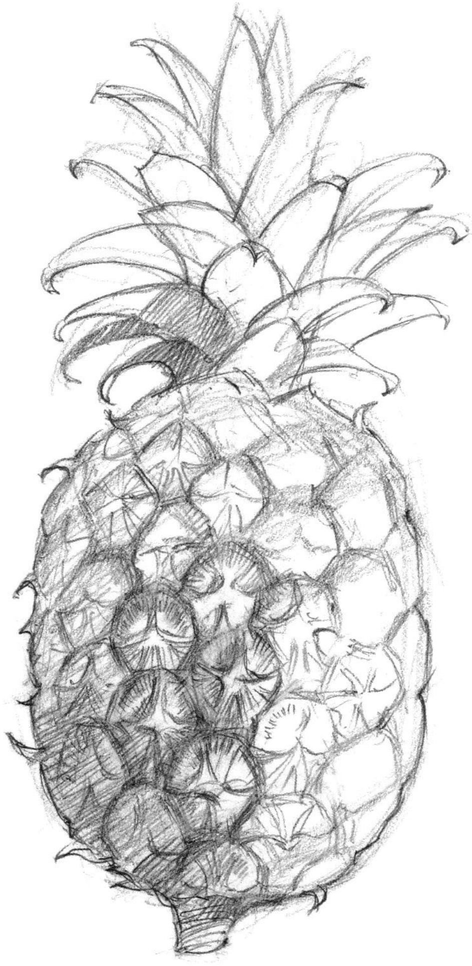

Rendez la surface rugueuse, bosselée, d'un ananas par des contours appuyés, en accentuant les zones d'ombre. Modelez chaque aspérité par un jeu de lumière et d'ombre.

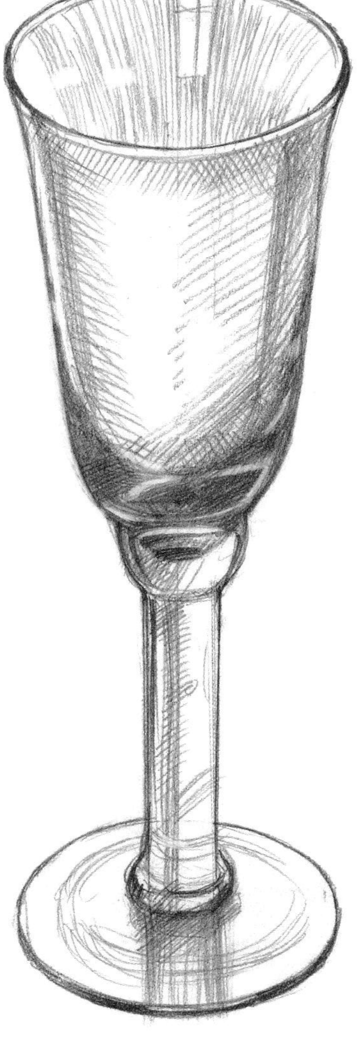

Un verre reflète beaucoup de lumière. Aussi, utilisez surtout des tons clairs, réservant le blanc du papier pour les surfaces brillantes. Utilisez autant que possible les ombres pour reproduire la surface lisse et unie de l'objet.

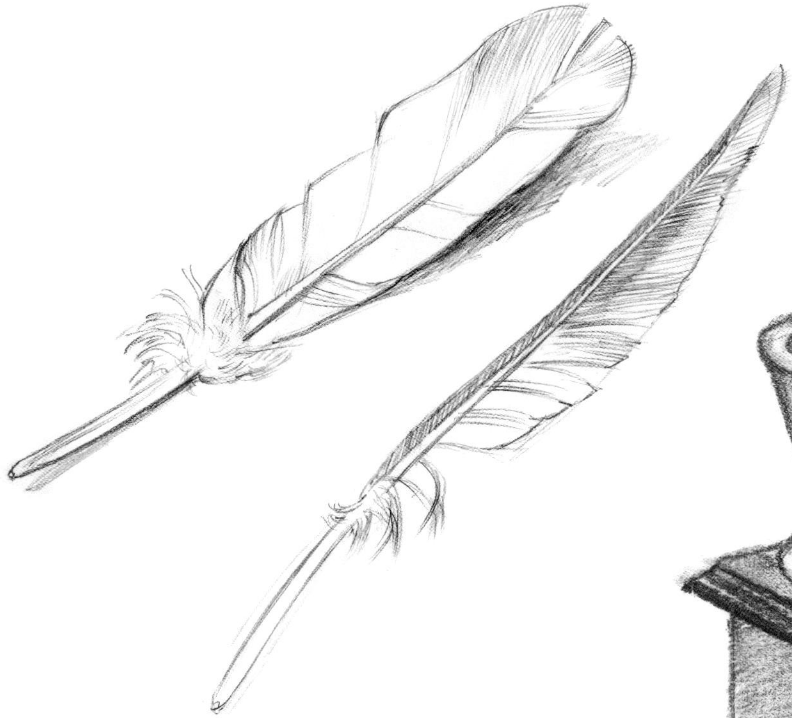

La courbe gracieuse d'une plume d'oiseau est une merveille de la nature. Ici, les tons argentés et les marques d'un crayon 2B bien taillé donnent une texture agrémentée d'une touche délicate. Dessinez aussi des plumes avec de l'encre sépia et une fine plume à dessin.

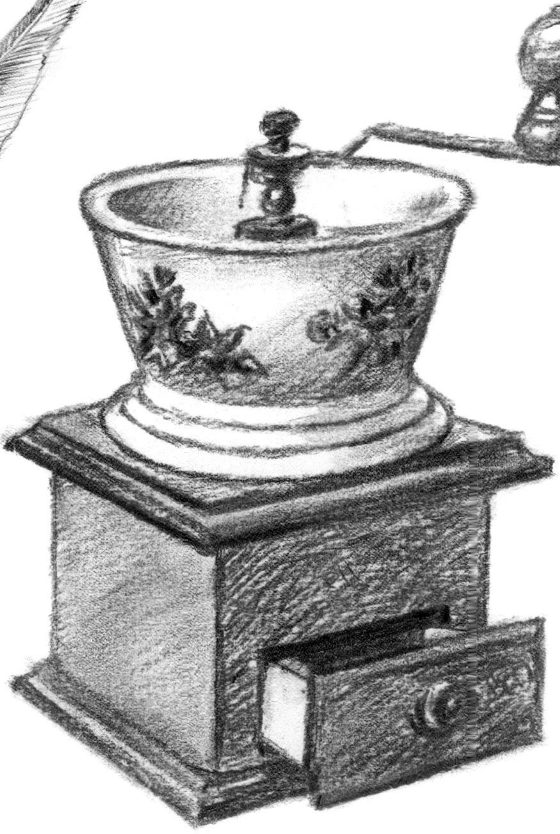

Le dessin des cubes et des ellipses de ce moulin à café est intéressant à traiter. Le tiroir entrouvert agrémente l'objet, en rompant le contour de la base carrée.

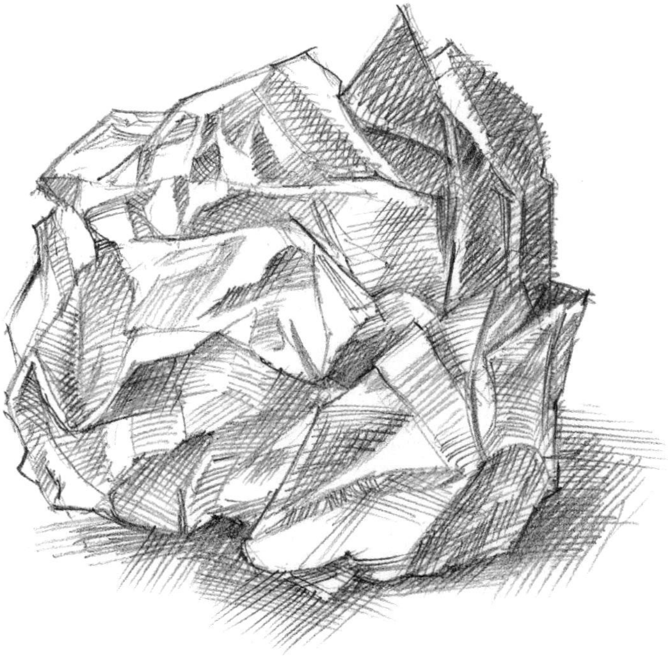

Ce papier froissé forme des pliures nettes et des surfaces distinctes, que vous mettrez en valeur par des lignes de contour accentuées et des ombres finement hachurées, en réservant le blanc du papier pour les zones claires.

Les feuilles et les pétales

Avec l'expérience, vous constaterez que chaque matériel a sa texture propre, qui peut servir pour le rendu d'un sujet particulier. Du fusain frotté sur le côté sur d'un papier à gros grain donnera, par exemple, des marques pouvant suggérer la surface rugueuse d'une falaise. Un lavis d'encre sur du papier lisse conviendra pour rendre la texture du verre. De même, vous représenterez la fourrure d'un animal avec une plume et de l'encre, et dessinerez une fleur au fusain.

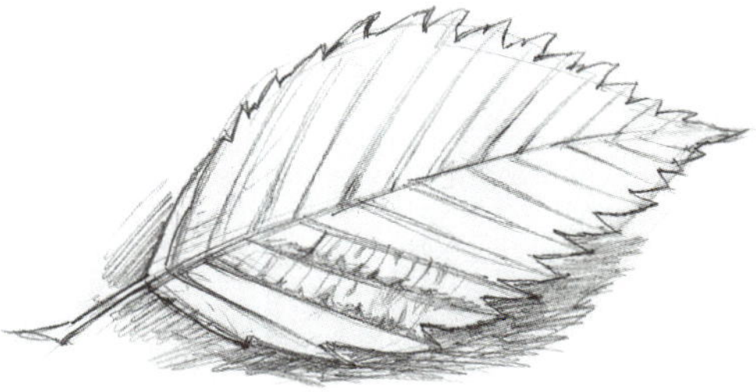

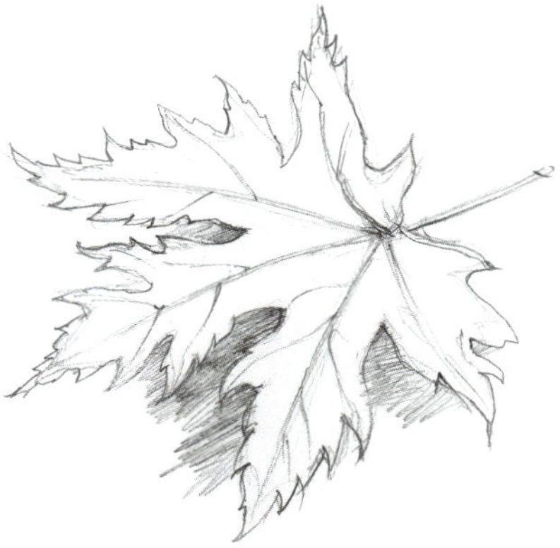

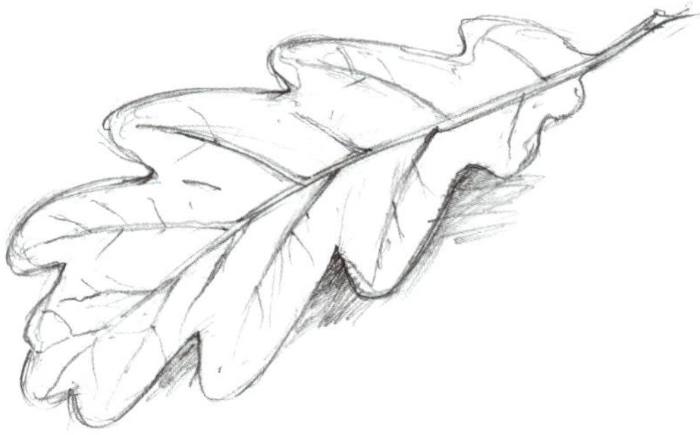

Ramassez des feuilles de trois espèces différentes et notez leurs formes et leurs contours – réguliers, dentelés ou lobés – dans un carnet de croquis. Essayez de rendre leurs différentes textures par des hachures, simples ou croisées, et de larges traînées produites avec le côté du crayon.

Essayez des matériels différents pour saisir les caractéristiques particulières des fleurs. Ici, les pétales ont été traités librement au lavis d'aquarelle. Les délicates mouchetures ont été marquées, une fois la peinture sèche, avec des crayons de couleur.

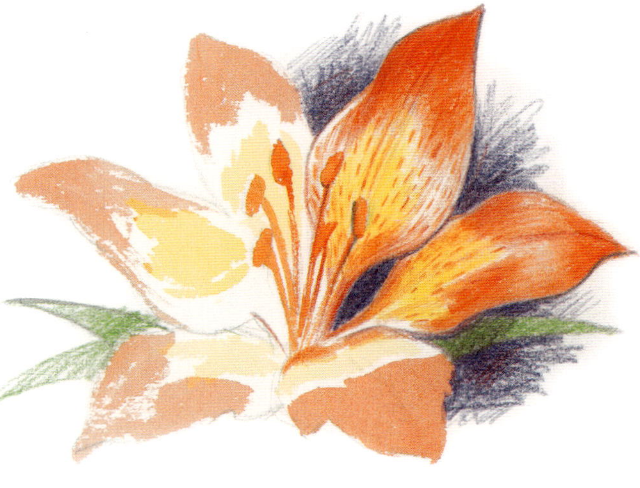

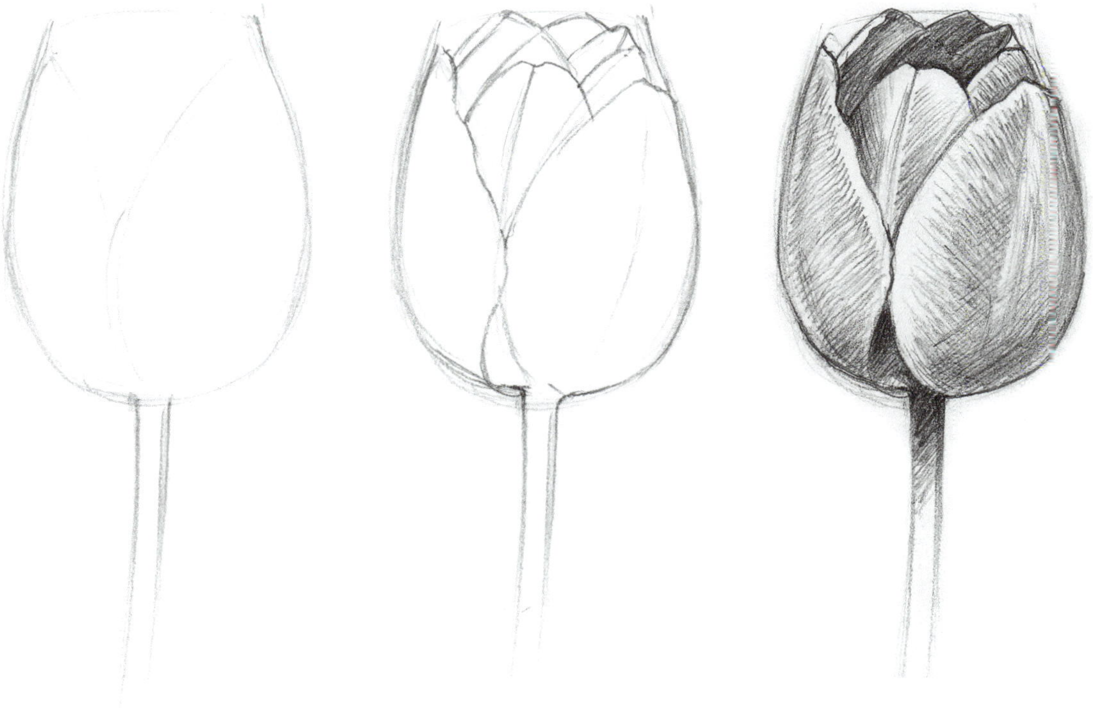

Commencez par dessiner des fleurs aux formes simples et bien définies, comme des tulipes. Avec un crayon 2B, dessinez le contour, avec des lignes rapides et légères. Indiquez les pétales intérieurs, en variant la pression sur votre crayon pour traduire la délicatesse de ceux-ci. Enfin, avec des hachures en diagonale, marquez la lumière et les ombres.

La transparence de l'aquarelle est idéale pour représenter la forme fragile des pétales de fleurs. Notez l'endroit où la lumière est la plus intense et indiquez-le en réservant le blanc du papier. Avant d'appliquer le premier lavis léger, humidifiez légèrement la surface à peindre avec un pinceau mouillé. Passez les tons plus foncés sur la fleur avant que le premier lavis ne soit sec ; les deux lavis se mélangeront pour donner des effets subtils et translucides. Si le papier est déjà sec, les lavis successifs laisseront des marques visibles.

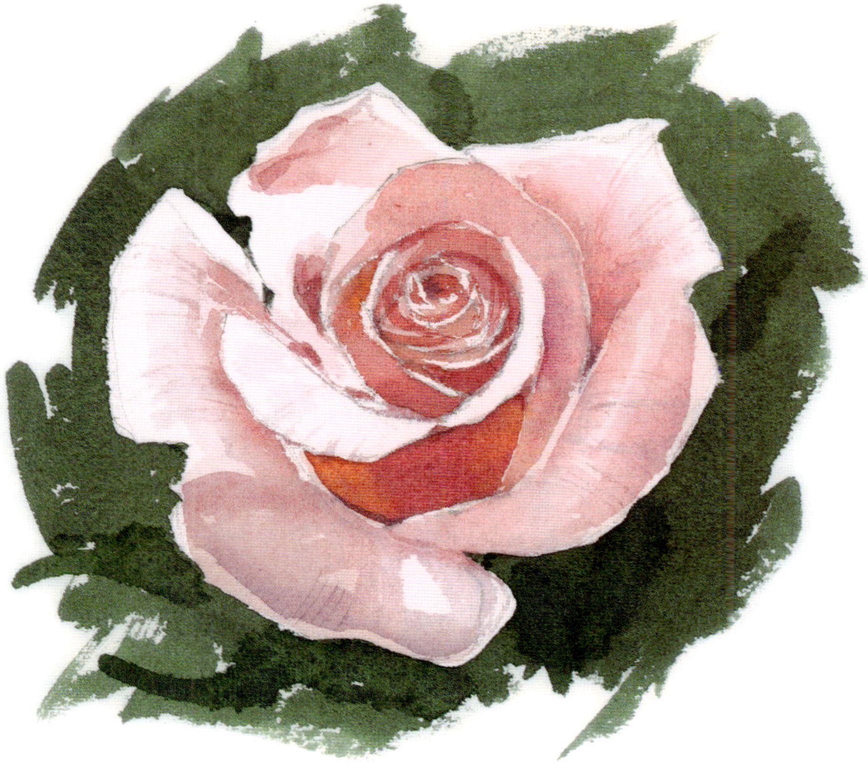

Une nature morte à l'aquarelle

La nature morte est un excellent exercice qui permet de cultiver vos aptitudes au dessin et à la peinture. Elle vous incite à observer les objets de plus près et à étudier les relations qu'ils entretiennent, créant souvent d'intéressantes contre-formes.

Pour le paysage, l'aquarelle est le procédé le plus naturel en raison du grand nombre d'effets atmosphériques qu'elle permet de rendre. Pour une nature morte, cette qualité n'a pas d'importance, surtout si le sujet est placé sur une table de cuisine ! En définitive, l'aquarelle n'a pas été très employée pour les natures mortes, à l'exception des peintures de fleurs, car elle permet de reproduire les textures et les couleurs délicates des pétales. Cependant, elle peut être employée pour toutes sortes de sujets, et son application légère et fluide donne un caractère intime et spontané. Observez des natures mortes déjà composées. Une table de repas que l'on vient de quitter peut fournir un excellent sujet, de même qu'une paire de souliers que l'on vient d'ôter après une marche ou un moment de sport. Des objets sur une table de toilette ou dans un vestibule évoqueront leur propriétaire, et l'aquarelle convient bien pour en faire une étude rapide.

[1] Composez une nature morte avec des objets de différentes tailles, formes et textures. Il est bon d'en avoir de grands et d'autres de forme ramassée pour créer une composition dynamique. Ici, le vinaigrier répond aux courbes des légumes et ajoute de la hauteur à ce qui serait un assemblage sans relief. Notez qu'il est placé au centre afin de créer un arrangement plus dynamique. Tracez légèrement les contours avec un crayon HB.

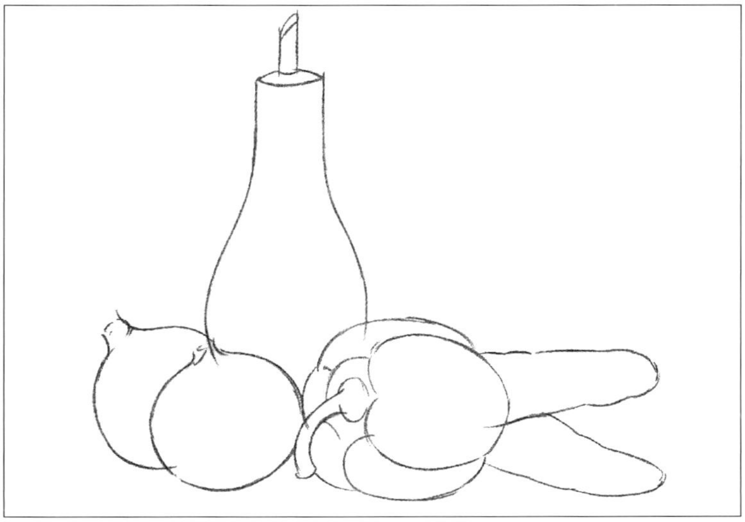

[2] Appliquez de la couleur en lavis léger sur les légumes. Le vinaigrier étant la partie la plus claire de la composition, il peut être laissé dans le blanc du papier. Ses contours seront délimités par un lavis clair sur l'arrière-plan. Ici, on a mis du bleu pâle. La forme des objets sera précisée en ajoutant d'autres couches de couleur, afin de créer des ombres et une sensation de profondeur.

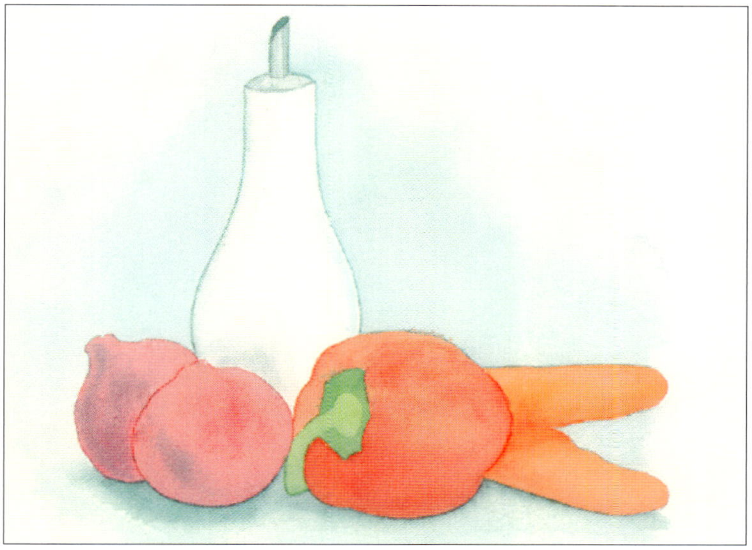

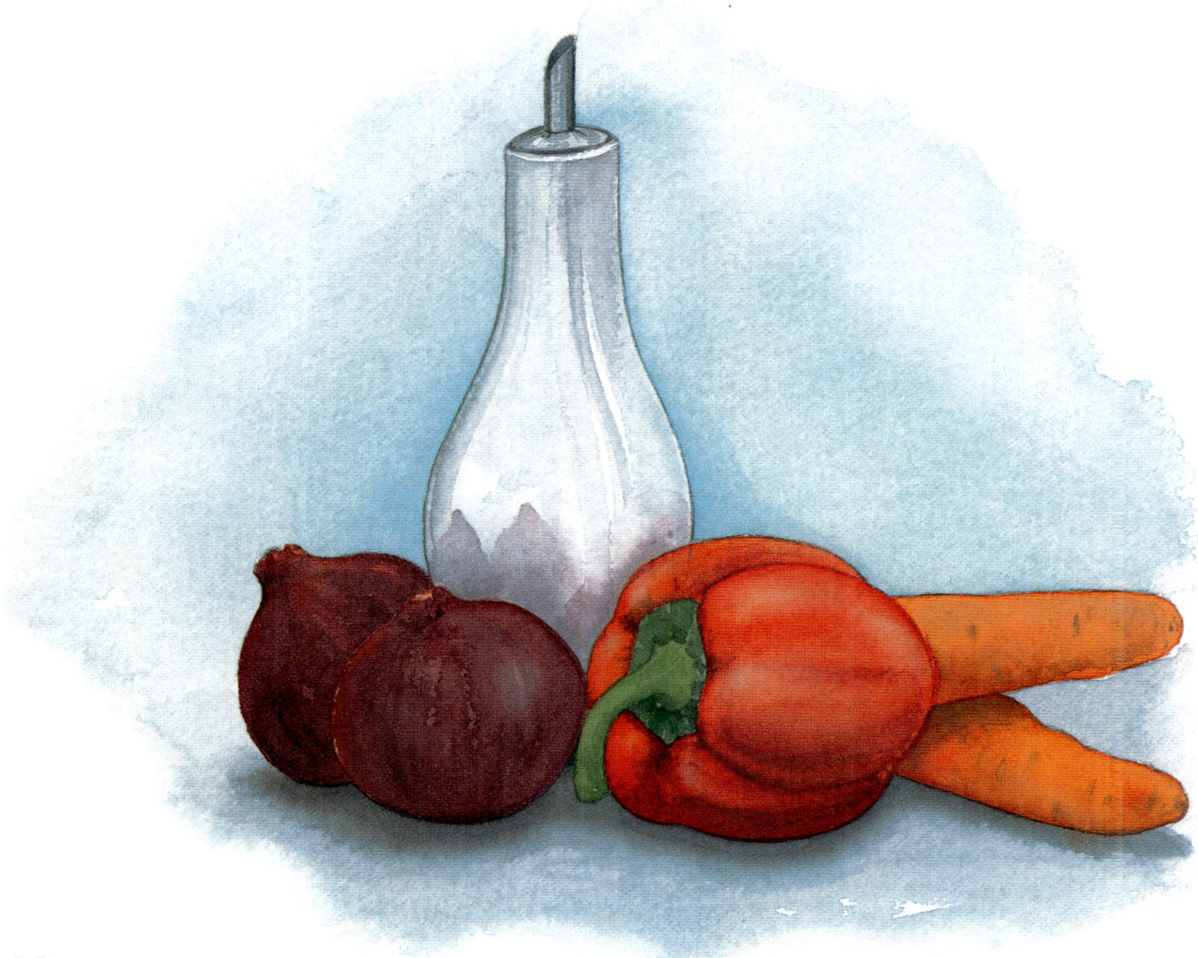

[3] Pour achever la peinture en obtenant des couleurs profondes, utilisez les ombres pour souligner les relations des objets entre eux. Ajoutez les reflets sur les ombres extérieures des légumes et suggérez légèrement la texture de la peau des oignons, par un mélange de couleur « humide sur humide ».

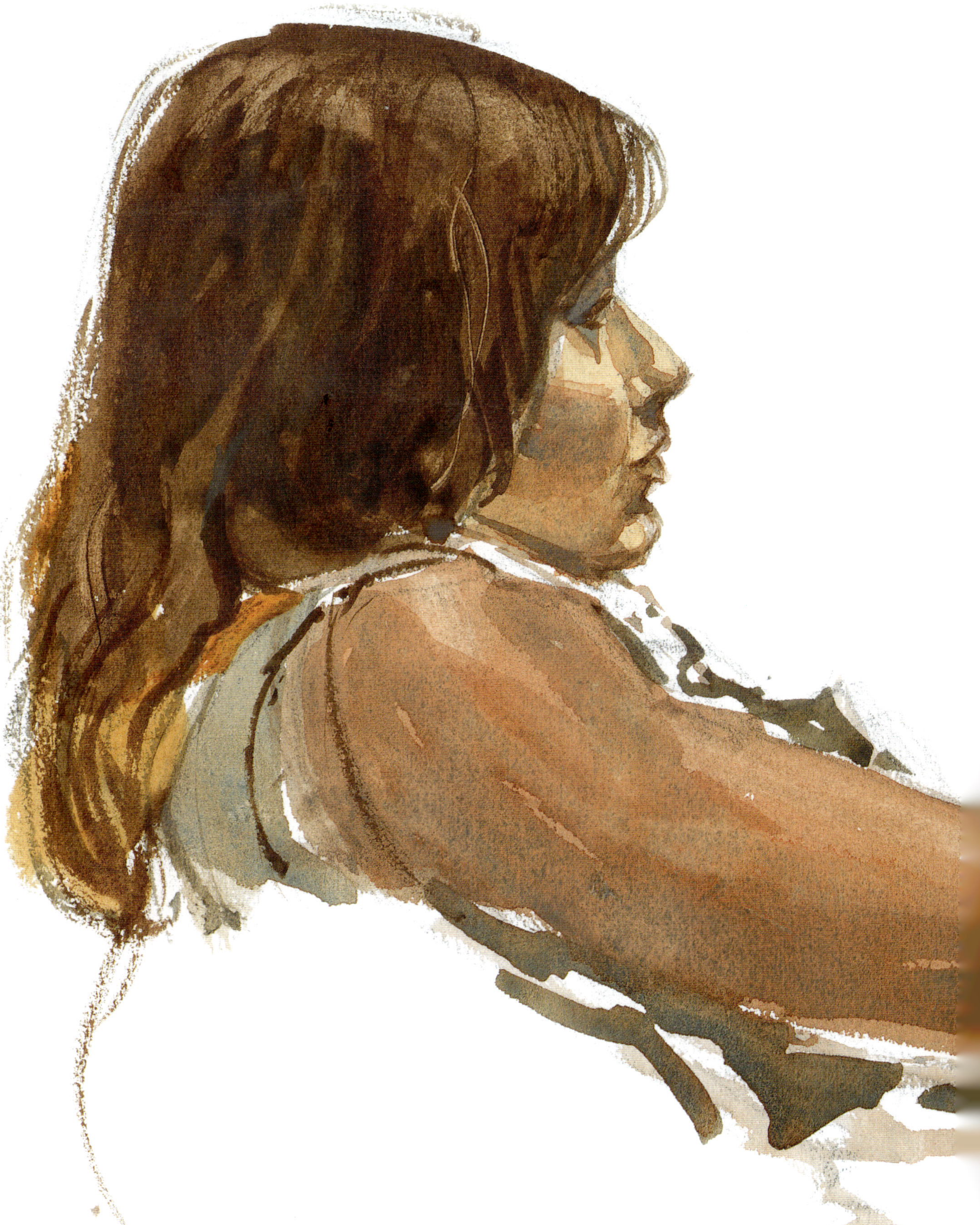

Les personnages et les portraits

De tous les sujets qu'un artiste aborde, le personnage est sans doute le plus difficile. Si vous savez dessiner des visages, vous serez capable de traiter n'importe quel sujet. Il n'est pas nécessaire d'avoir une connaissance approfondie de l'anatomie pour peindre des personnages et des portraits. Ce qu'il faut cependant, comme pour tous les sujets de dessin, c'est avoir un bon coup d'œil et une capacité d'analyse.

Apprenez à évaluer soigneusement les proportions du corps et, en même temps, à donner un aspect vivant à un personnage ; c'est par là que se dévoilent réellement les aptitudes d'un artiste.

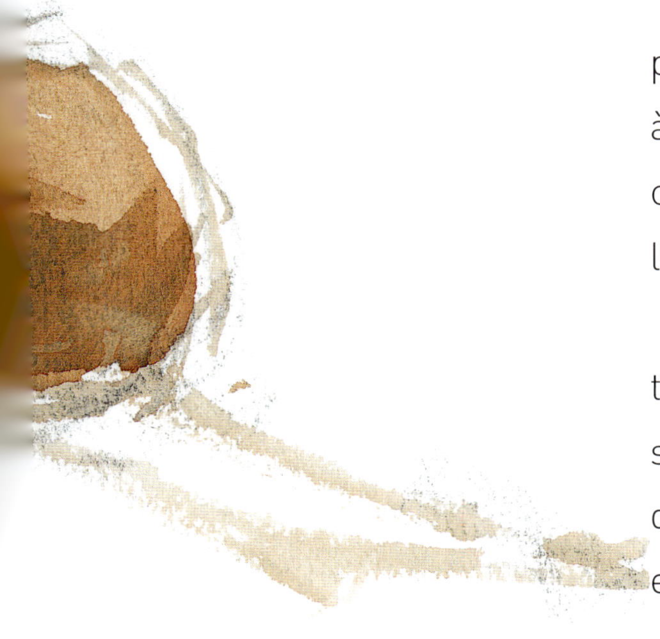

Mesurez et contrôlez constamment votre travail, cela vous aidera à reproduire avec soin votre sujet. Ce chapitre va vous offrir des conseils pratiques pour établir l'échelle et les proportions.

Proportions et mensurations

Dessiner des personnages requiert plus d'exactitude que beaucoup d'autres sujets. En effet, il n'est pas important que les arbres d'un paysage soient un peu déformés. En revanche, si la tête d'un personnage est trop petite ou ses jambes trop courtes, cela se verra ! La pratique est la clé pour saisir correctement les proportions d'un personnage, mais il y a heureusement quelques règles simples pour vous guider.

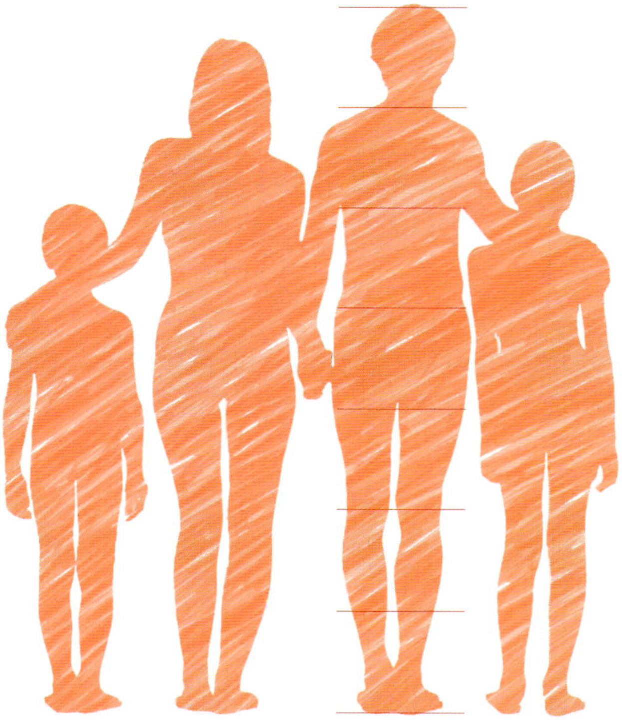

Les proportions de notre corps changent avec sa croissance et son développement. Le corps d'un adulte a une hauteur d'environ sept têtes ; pour un jeune enfant, il en mesure environ cinq, et pour un sujet plus âgé environ six. Ces proportions fournissent un point de départ, mais vous constaterez qu'elles diffèrent légèrement de cette moyenne pour chaque individu.

Les proportions d'un personnage

Il est bon de connaître les proportions humaines « idéales », pour les utiliser comme guide dans vos dessins. Beaucoup d'artistes prennent la tête comme unité commode de mesure. Dans un personnage debout, celle-ci est contenue dans le reste du corps environ sept fois. Le point central n'est pas à la taille, comme on le suppose communément, mais juste au-dessous de l'entrejambe. Avec les bras pendants sur les côtés, les mains arrivent à la moitié des cuisses. Les pieds ont la longueur de la tête – une erreur commune étant de les dessiner trop petits. Vous avez là des règles pratiques, mais elles ne remplacent pas l'observation directe ; peu d'entre nous avons des corps parfaitement proportionnés !

Il est bon de noter que beaucoup de grands artistes ont transgressé ces règles afin d'obtenir des effets de style. Les personnages de Cézanne ont souvent de curieuses proportions, Matisse dénaturait les formes féminines, et les créateurs de mode dessinent délibérément des corps étirés avec de petites têtes pour donner une certaine élégance à leurs créations.

Les mensurations

Utilisez un crayon et votre pouce pour marquer les proportions des personnages et des angles comme, par exemple, l'inclinaison des épaules ou des hanches. Tenez votre crayon verticalement, étendez complètement votre bras, fermez un œil et regardez le modèle, puis faites glisser votre pouce jusqu'à ce qu'il s'aligne avec le menton. Votre pouce restant en place et votre bras étendu, déplacez le crayon pour la mensuration que vous désirez vérifier. Gardez toujours le crayon à bout de bras, le coude bloqué ; si vous pliez le bras, vos mesures seront imprécises.

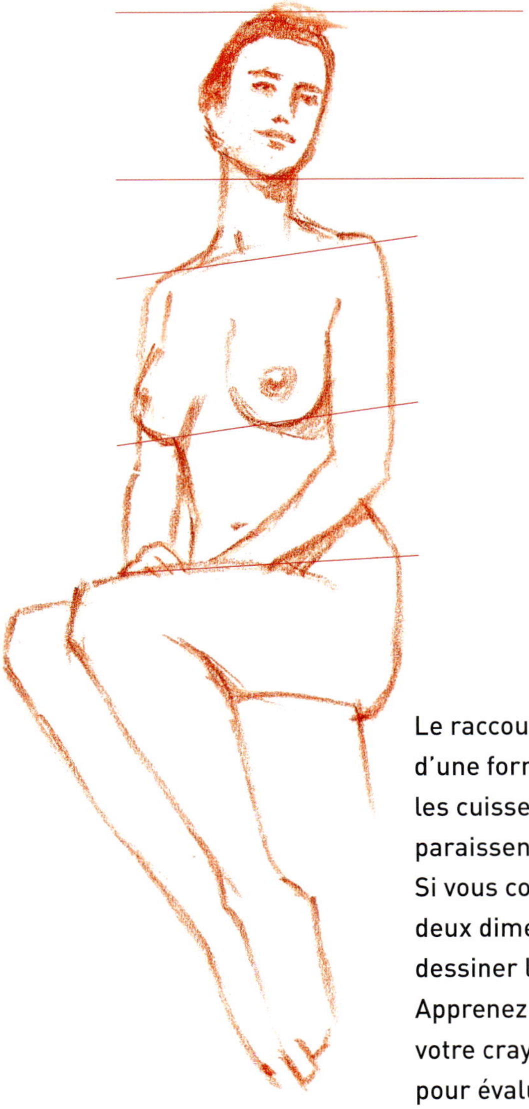

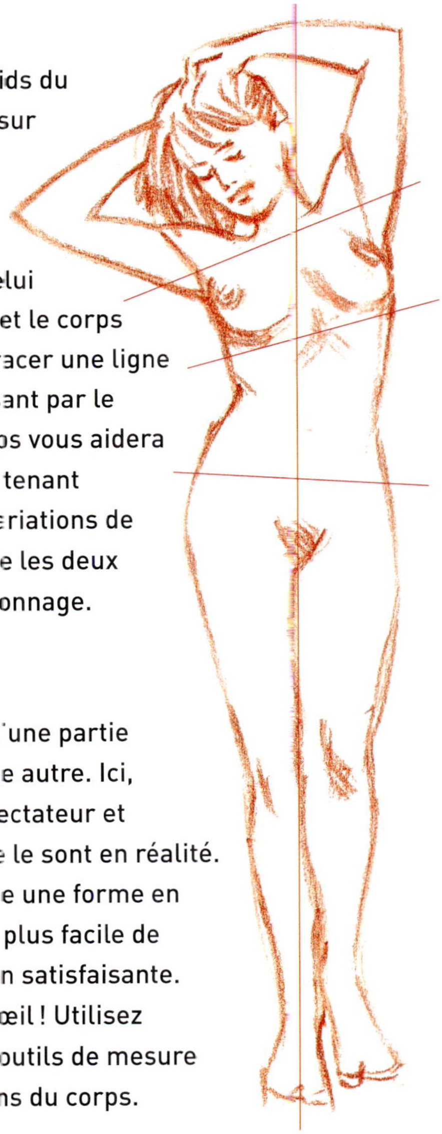

Lorsque le poids du corps repose sur une jambe, l'angle des épaules est à l'opposé de celui des hanches, et le corps s'équilibre. Tracer une ligne verticale passant par le centre du corps vous aidera à dessiner en tenant compte des variations de symétrie entre les deux côtés du personnage.

Le raccourci est ce qui se produit lorsqu'une partie d'une forme est plus près de vous qu'une autre. Ici, les cuisses du modèle s'éloignent du spectateur et paraissent ainsi plus courtes qu'elles ne le sont en réalité. Si vous considérez le personnage comme une forme en deux dimensions, vous verrez qu'il sera plus facile de dessiner le contour en raccourci de façon satisfaisante. Apprenez à vous fier à ce que voit votre œil ! Utilisez votre crayon et votre pouce comme des outils de mesure pour évaluer les angles et les proportions du corps.

Dessiner la tête

Lorsque vous dessinez des portraits, vous constaterez qu'il est plus facile d'obtenir un dessin ressemblant si l'on possède une bonne connaissance de la structure et des proportions du visage.

Avant d'entreprendre un véritable portrait, dessinez des têtes et apprenez à mettre correctement en place les traits du visage. La forme de base d'une tête est déterminée par la structure osseuse de son crâne. On peut la représenter comme un œuf, le gros bout étant son sommet. Ayant établi sa forme générale, vous pouvez mettre en place les traits du visage. Ici, la « règle des moitiés » constitue un bon guide. Tracez d'abord une ligne verticale au milieu de la tête : elle marque la position du nez et du centre des lèvres. Tracez une ligne horizontale au centre de la tête, à partir de laquelle il sera facile de placer les yeux puis les sourcils. Faites une autre ligne entre les sourcils et le haut du menton, à mi-distance, pour avoir la position de la base du nez. Et enfin une autre ligne entre cette dernière et la pointe du menton, qui donnera la position de la lèvre inférieure.

Vous pouvez alors dessiner les traits. La distance entre les yeux sera approximativement de la largeur d'un œil. Les oreilles seront placées entre la ligne des sourcils et celle

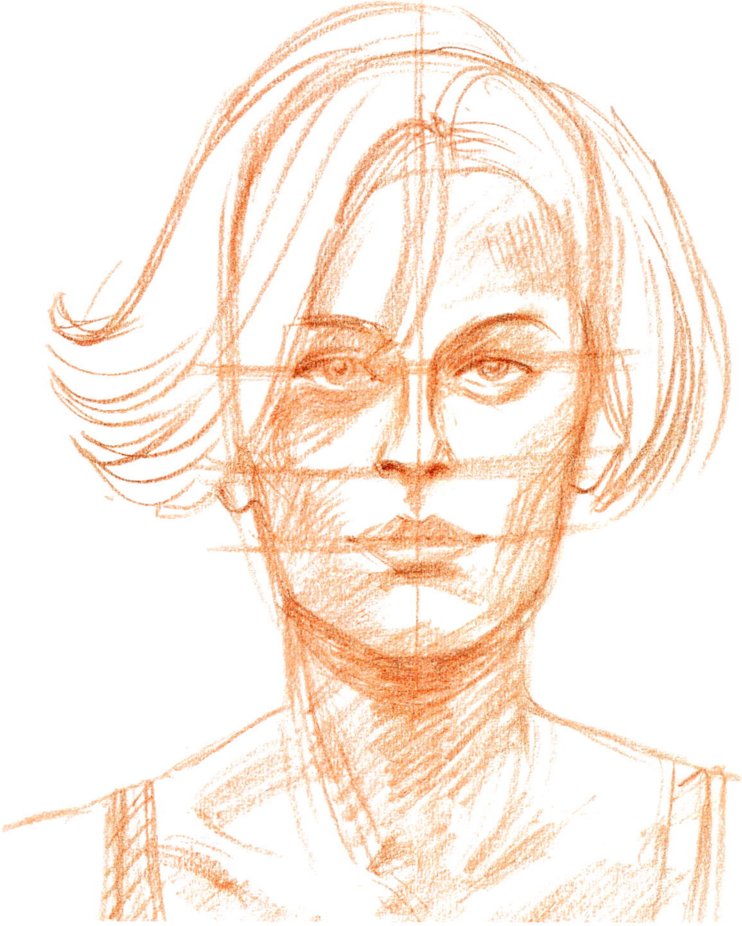

Les traits du visage occupent une place relativement restreinte. Il est important de les placer correctement pour obtenir une bonne ressemblance. Prenez pour guide la « règle des moitiés » afin de placer les principaux traits.

du bas du nez. La chevelure prend naissance à un tiers en dessous du sommet de la tête.

Gardez à l'esprit que la règle des moitiés n'est qu'un guide pour une tête « moyenne ». Chaque individu est différent et ce sont les écarts avec la norme qui donnent à un visage ses caractères propres. Notez les proportions et les rapports des différents éléments en les mesurant avec votre crayon.

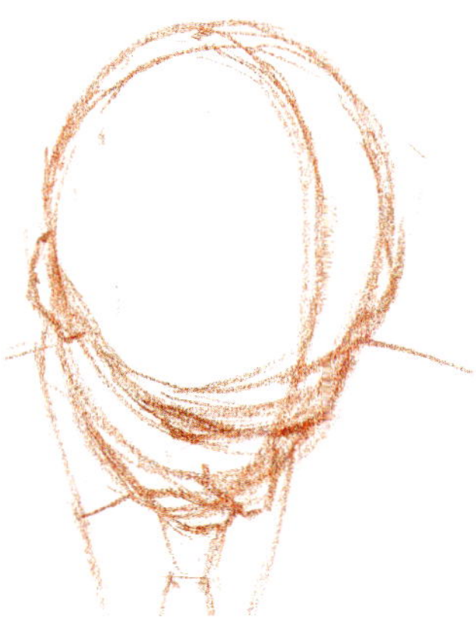

Lorsque la tête est penchée vers le bas, le haut ou sur le côté, les traits apparaissent raccourcis. Vous ne rendrez ces distorsions qu'en apprenant à les considérer de façon logique.

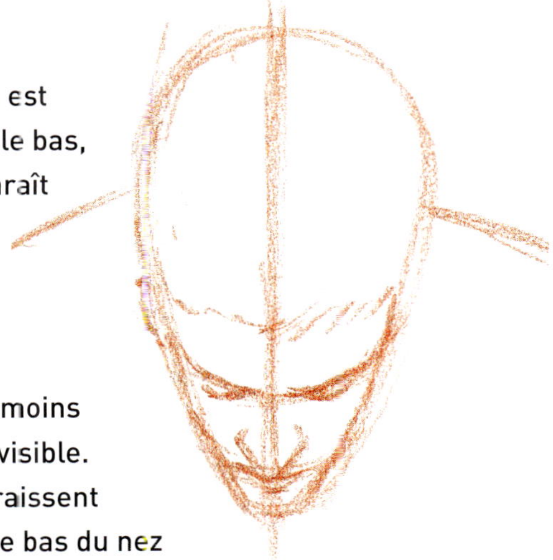

Quand la tête est inclinée vers le bas, le crâne apparaît plus large et le visage est rétréci. Plus grande est l'inclinaison, moins le visage est visible. Les traits paraissent comprimés, le bas du nez semble recouvrir la bouche, et les oreilles sont placées plus haut que les yeux.

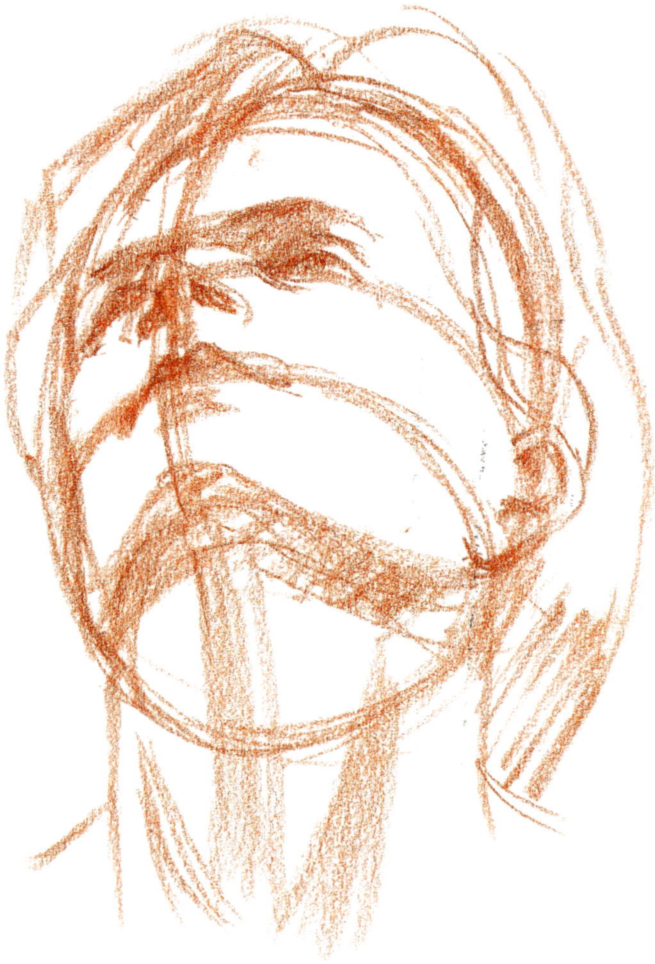

La tête étant inclinée vers l'arrière, les yeux et le nez paraissent plus proches. Notez la façon dont les traits du visage épousent la courbe de la structure sous-jacente du crâne.

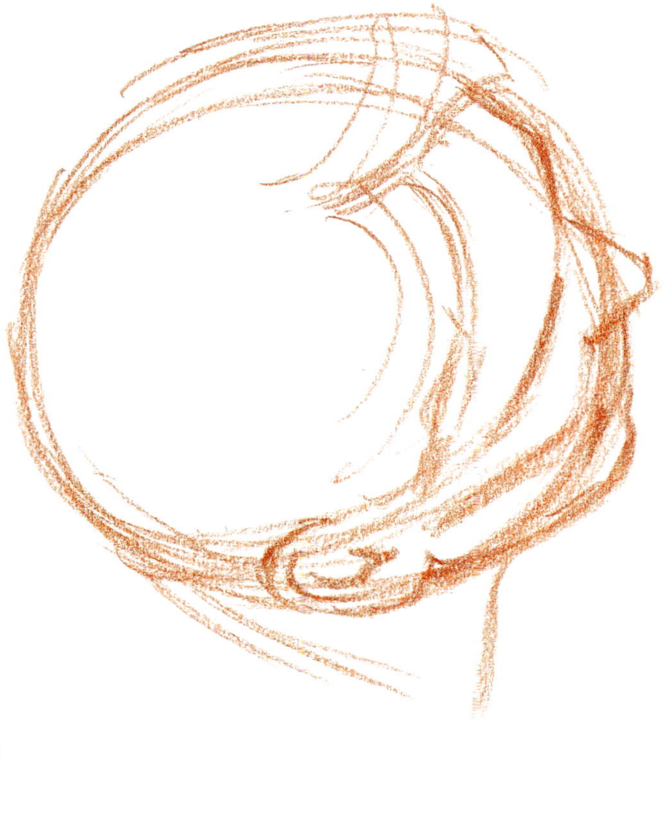

Les portraits informels

Pour vous exercer à la peinture de personnages et au portrait, pourquoi ne pas commencer par des études informelles de votre famille et de vos amis ? Ces portraits seront l'équivalent de photos instantanées, dans lesquelles le sujet adopte une posture décontractée et naturelle. Cela peut vous donner beaucoup de plaisir, et le résultat, s'il est satisfaisant, est une image plus vivante de la personnalité du modèle qu'un portrait achevé.

Persuadez si possible un ami ou un membre de votre famille de poser pour vous pendant au moins deux heures. Cela vous donnera le temps d'essayer différentes attitudes et de faire des croquis préliminaires. En plaçant votre modèle, recherchez pour lui une position confortable et une posture intéressante. Dans la pose ci-contre, le modèle est assis, les jambes repliées et les bras dans une position confortable. Voilà une attitude naturelle et plaisante : les angles variés des jambes et des bras engendrent une série de rythmes, qui donnent vie et animation au personnage, et promèneront l'œil sur l'ensemble du dessin.

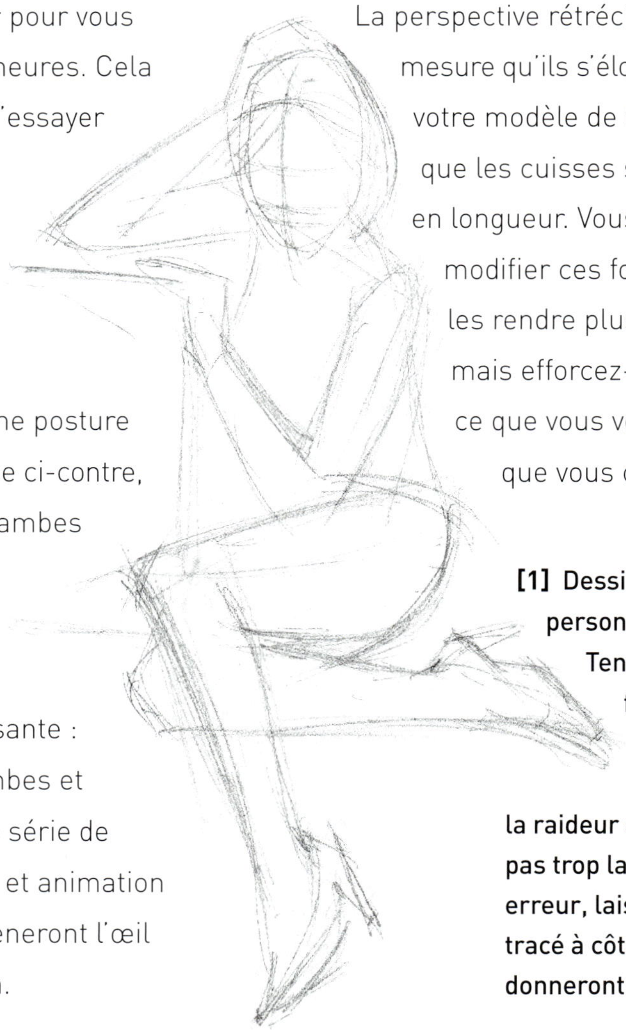

Le raccourci

La perspective rétrécit les objets au fur et à mesure qu'ils s'éloignent. Si vous regardez votre modèle de face, vous constaterez que les cuisses semblent réduites en longueur. Vous serez alors tenté de modifier ces formes rétrécies pour les rendre plus reconnaissables, mais efforcez-vous de dessiner ce que vous voyez, et non ce que vous croyez savoir !

[1] Dessinez les contours du personnage avec un crayon 6B. Tenez le crayon légèrement et formez des marques peu appuyées – des contours trop durs donneront de la raideur au personnage. N'employez pas trop la gomme ; s'il y a une erreur, laissez-la, et dessinez le bon tracé à côté. Ces lignes reprises donneront de la vie au dessin.

Pour vous aider à obtenir des formes et des proportions correctes, utilisez la méthode décrite page 71. Vous pouvez aussi prendre un croquis rapide avant de commencer à dessiner. Commencez par tracer le contour d'ensemble du modèle, en lignes légères, en vous assurant qu'il est bien placé dans votre feuille. Dessinez en bougeant tout votre bras et pas seulement vos doigts. Lorsque vous aurez une image ressemblant au modèle, vous pourrez revenir sur des zones particulières et les préciser.

[2] Lorsque vous êtes satisfait du contour général du personnage, gommez les lignes de référence, et commencez à préciser votre dessin, en évitant les traits trop appuyés. Indiquez les détails du visage et la naissance de la chevelure. Accentuez progressivement les lignes importantes, plus marquées lorsqu'elles avancent, et plus légères lorsqu'elles s'éloignent.

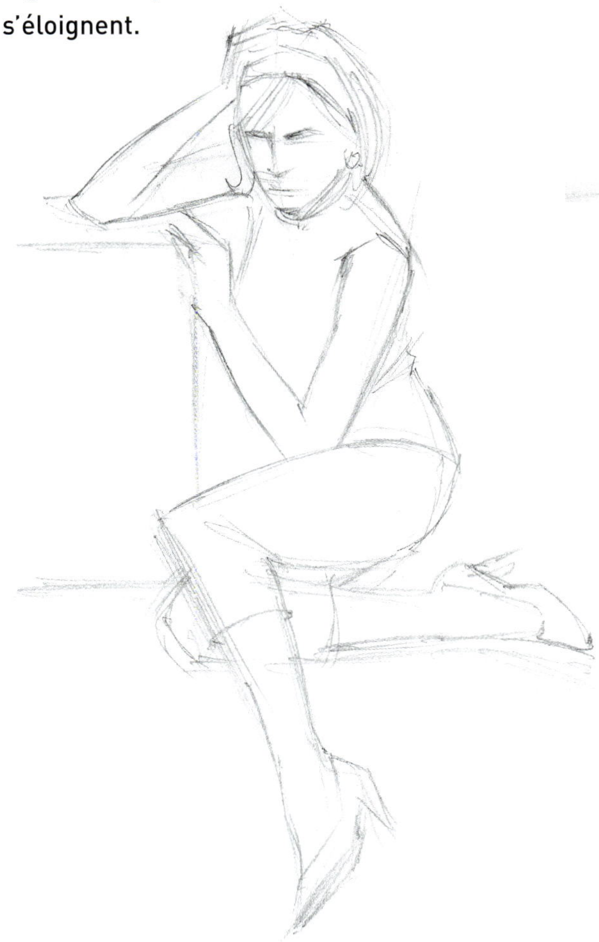

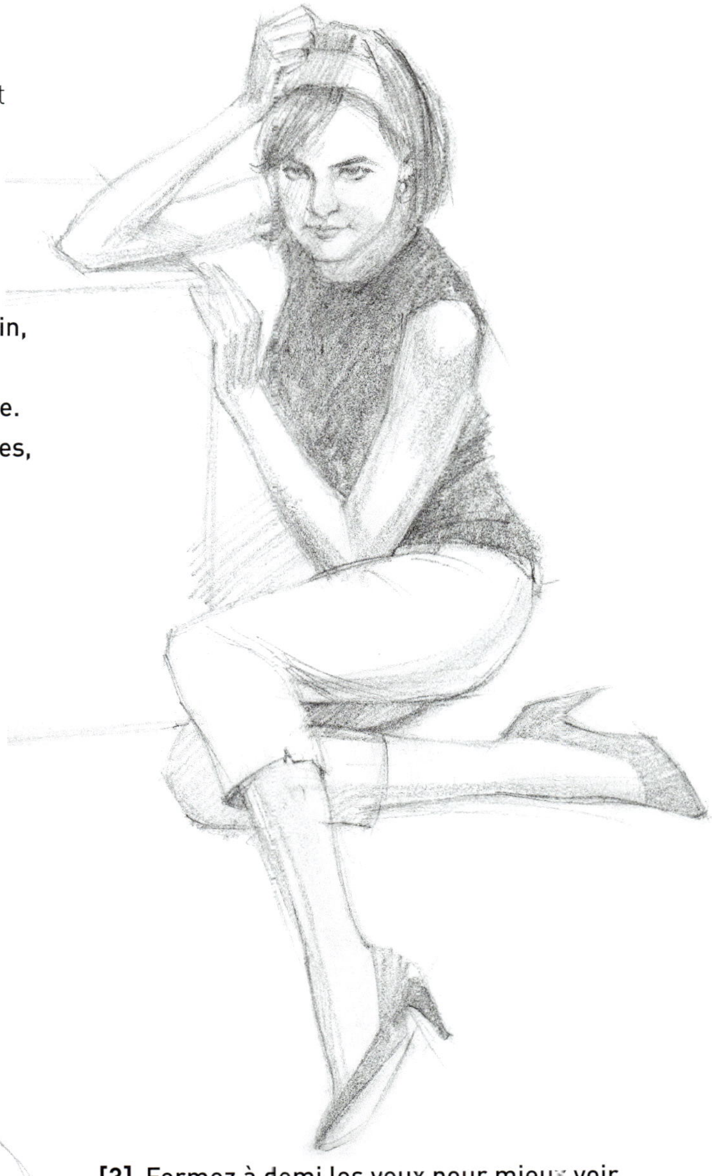

[3] Fermez à demi les yeux pour mieux voir les zones d'ombre et de lumière. Faites de légères hachures sur les ombres du visage et des membres. Cela donnera au personnage un aspect tridimensionnel. Pour terminer, appuyez plus fortement sur votre crayon pour ajouter des tons foncés sur la chevelure et les vêtements.

Les personnages à l'aquarelle

En ajoutant de la couleur à vos dessins, vous leur donnerez vie. Bien que l'on puisse peindre des sujets très détaillés à l'aquarelle, celle-ci convient particulièrement pour les études rapides. Vous pouvez saisir vos proches dans des poses naturelles ou leur demander de poser.

Détendez-vous quand vous abordez une peinture. Si vous êtes nerveux, vous produirez une image raide et sans vie, et votre tension se transmettra à votre modèle. Rappelez-vous que dessiner est un exercice d'échauffement. Il vous prépare, concentre votre attention, mais il ne s'agit pas d'une peinture fouillée et la méthode et la pratique sont plus importantes que le résultat. Vous gagnerez à travailler en groupe. Si vous êtes assez nombreux, vous pourrez vous offrir un modèle professionnel. Le modèle doit être installé confortablement pour pouvoir garder la pose. Faites-lui regarder un point fixe, par exemple un tableau accroché à un mur ; la position de sa tête et de ses yeux doit demeurer constante.

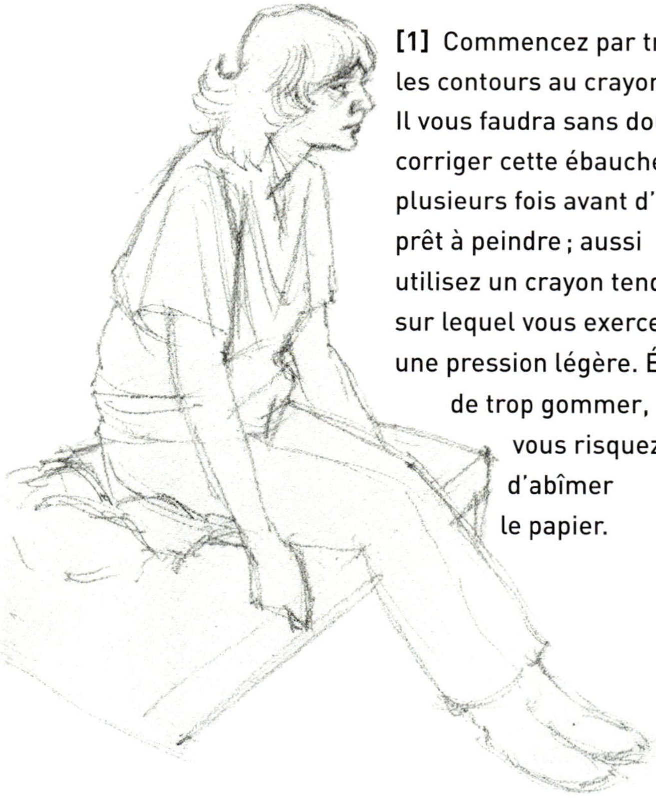

[1] Commencez par tracer les contours au crayon. Il vous faudra sans doute corriger cette ébauche plusieurs fois avant d'être prêt à peindre ; aussi utilisez un crayon tendre, sur lequel vous exercerez une pression légère. Évitez de trop gommer, car vous risquez d'abîmer le papier.

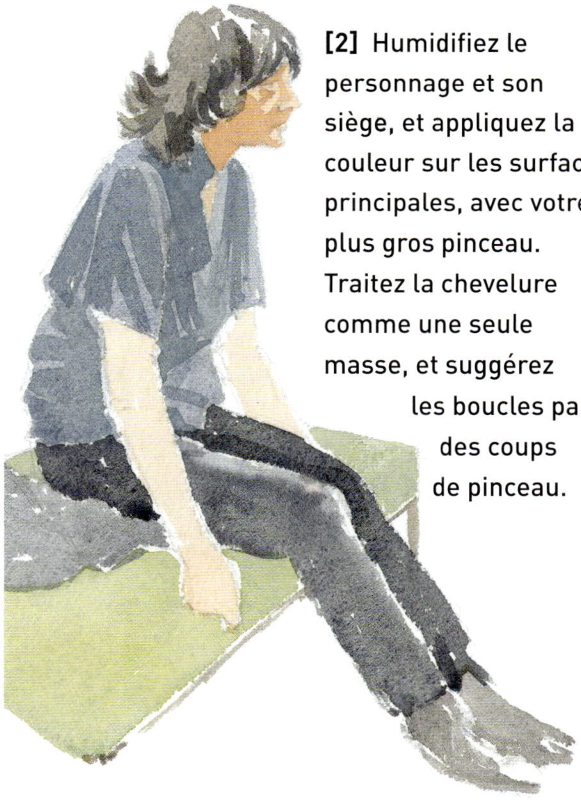

[2] Humidifiez le personnage et son siège, et appliquez la couleur sur les surfaces principales, avec votre plus gros pinceau. Traitez la chevelure comme une seule masse, et suggérez les boucles par des coups de pinceau.

Rappelez-vous que de fréquentes pauses (pour vous et votre modèle) sont essentielles. Avant l'une d'elles, marquez avec du ruban adhésif la position des pieds, des mains et des coudes sur le sol ou la chaise, afin que le modèle puisse reprendre la même pose. Réfléchissez à la position du personnage sur le papier. La tête ne doit pas être trop proche de son bord supérieur, car elle paraîtrait trop petite ; ni trop loin, le personnage semblerait alors glisser en dehors du dessin. Ne placez pas nécessairement le personnage au centre de la feuille de papier : les espaces vides font partie de la composition et aident à situer le personnage.

Faites un rapide croquis pour vous aider au début, mais laissez l'image se développer librement au pinceau par-dessus les traits de crayon. Commencez le dessin par les larges surfaces de couleur et de tons décrivant les principales formes du personnage. Laissez des détails (comme les traits du visage) pour la fin et ne vous préoccupez pas trop de la ressemblance. L'aspect vivant de ce genre d'étude dépend de la rapidité du travail et de l'application de coups de pinceau fluides et vigoureux. Laissez sécher complètement la peinture de temps en temps, les lavis de couleur suivants seront plus frais et vifs. Les petits détails comme les yeux et la bouche seront dessinés sur un lavis sec avec la pointe du pinceau.

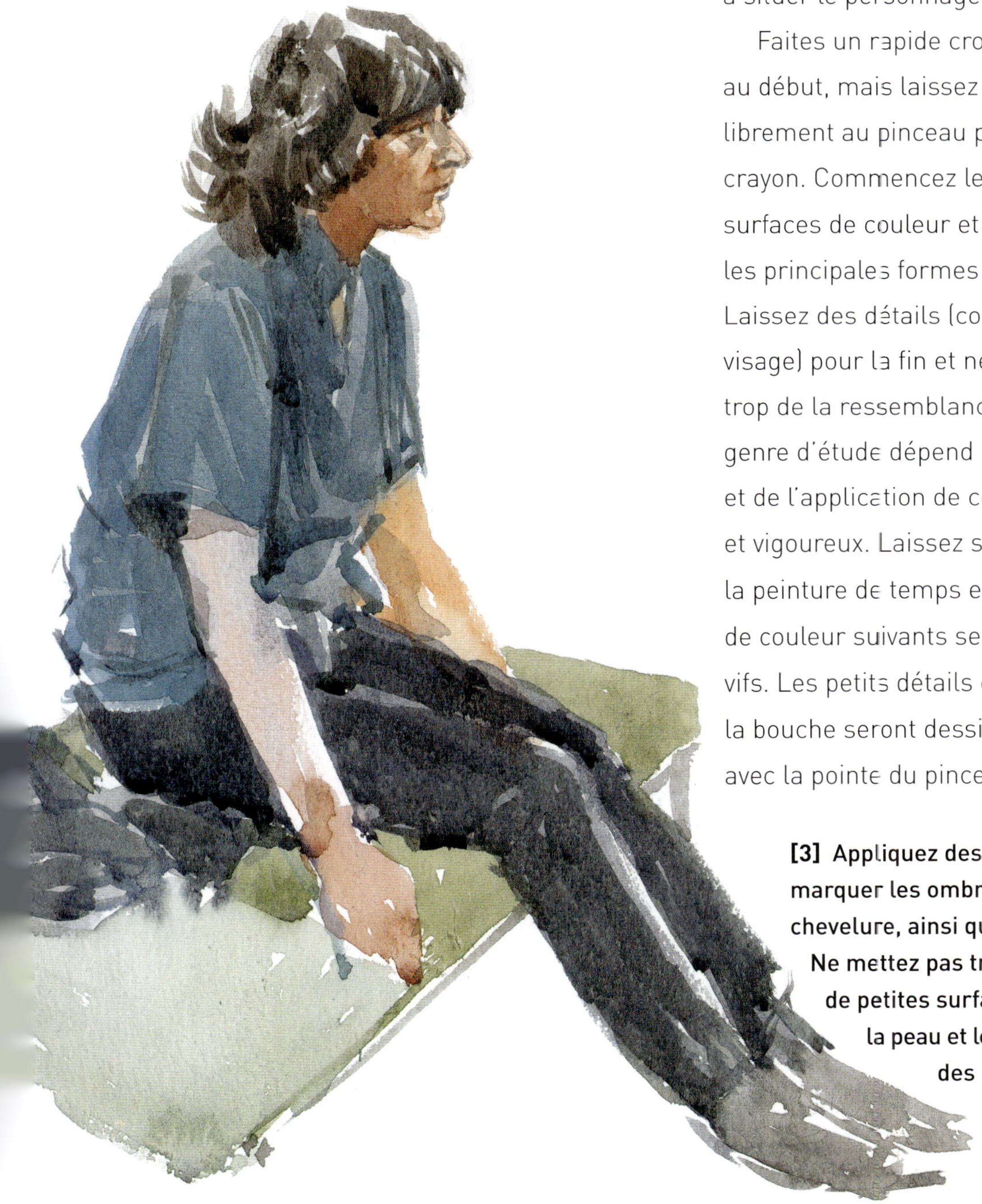

[3] Appliquez des lavis plus foncés pour marquer les ombres du visage et de la chevelure, ainsi que les plis du vêtement. Ne mettez pas trop de couleur. Laissez de petites surfaces de papier blanc sur la peau et les cheveux pour suggérer des reflets. Complétez les traits du visage avec la pointe du pinceau.

Le carnet de croquis

Prenez la bonne habitude d'avoir toujours sur vous votre carnet à dessin de poche, pour y noter de rapides croquis de personnages, aussi souvent que vous le pourrez.

Dessiner régulièrement est le meilleur moyen d'apprendre à représenter des personnages de façon correcte ; aussi faites-le tous les jours et en toute occasion. Trouvez des lieux fréquentés, comme des cafés ou des restaurants, des gares, des musées, des galeries d'art. Dans les parcs et les jardins, des personnes promenant leur chien ou assises sur un banc feront de parfaits modèles. Les magasins et les marchés, les stades ou les chantiers de construction vous permettront de saisir des personnages en mouvement. Les possibilités sont infinies.

Dessiner dans un lieu public demande un peu d'audace et de confiance en soi. Mais, avec un petit carnet de croquis et un simple crayon ou une plume, un dessin est discrètement réalisé en quelques minutes.

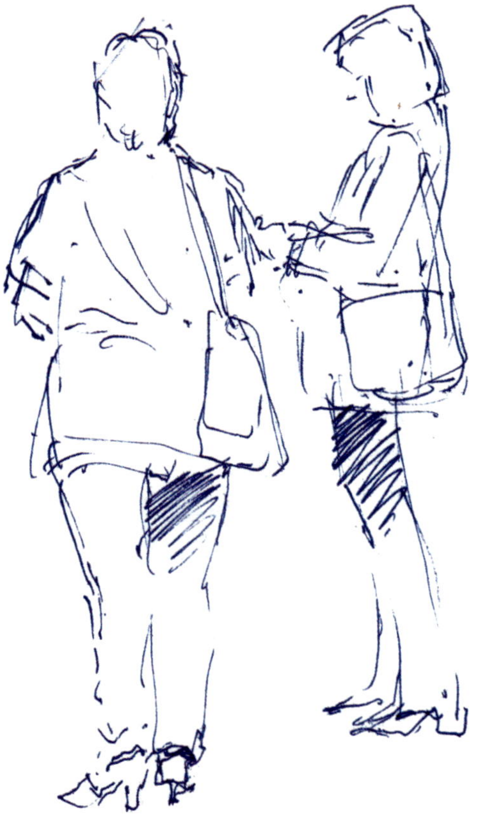

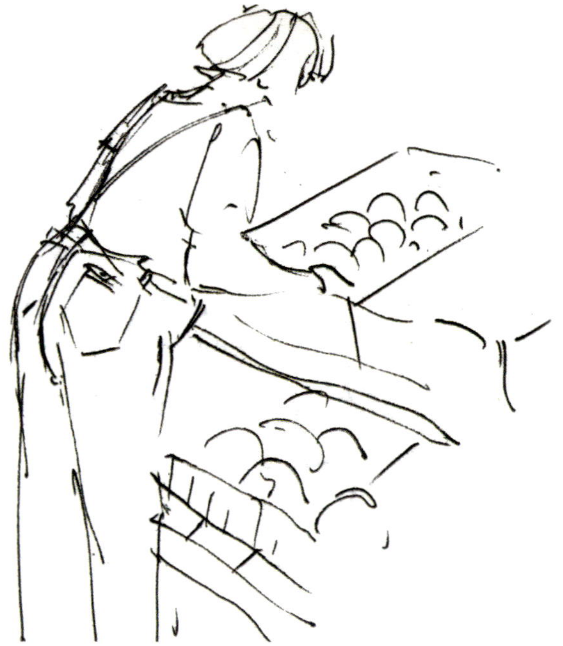

Choisissez un lieu où les sujets ne soupçonnent pas qu'on les dessine, cela vous permettra de saisir leurs expressions et leurs mouvements sur le vif.

Ne cherchez pas à faire un dessin très poussé, mais juste à fixer ce que vous voyez en un regard. Choisissez des sujets simples. La rapidité est essentielle, aussi ne retenez que les grandes lignes – contours d'ensemble, posture et attitude du personnage. Ne vous découragez pas si vos premiers essais sont inexacts ou trop raides : plus vous en ferez et plus vos dessins deviendront spontanés.

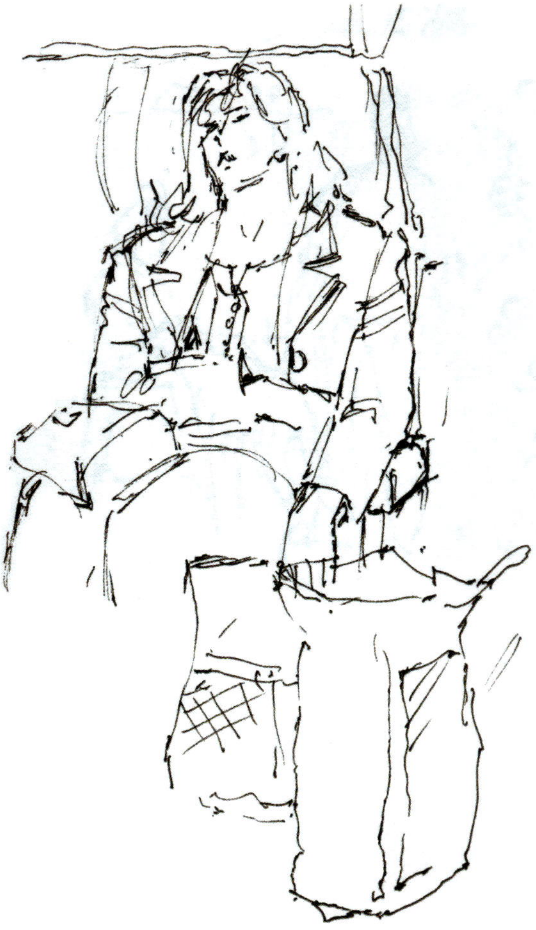

Un voyage dans un transport public ne sera pas ennuyeux si vous avez sur vous votre carnet de croquis. Les trains, les autobus, les avions sont très favorables à l'observation de personnages. Si vous les dessinez discrètement et à leur insu, vous récolterez d'excellentes études de caractères.

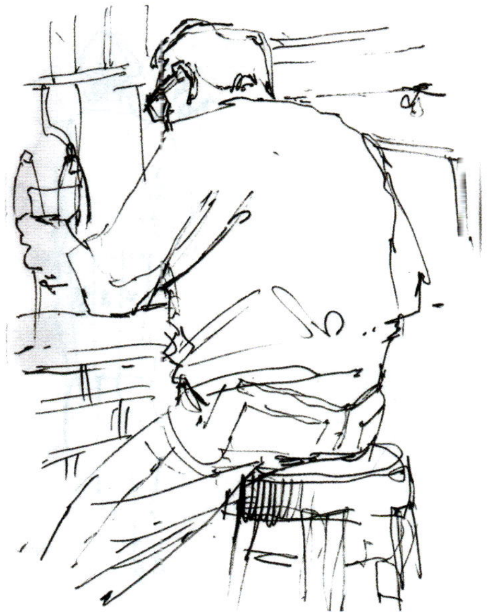

Les bars offrent la possibilité de dessiner des personnages, avec des attitudes expressives et de menus détails. Ce dessin a été exécuté à l'encre indélébile et au lavis d'aquarelle.

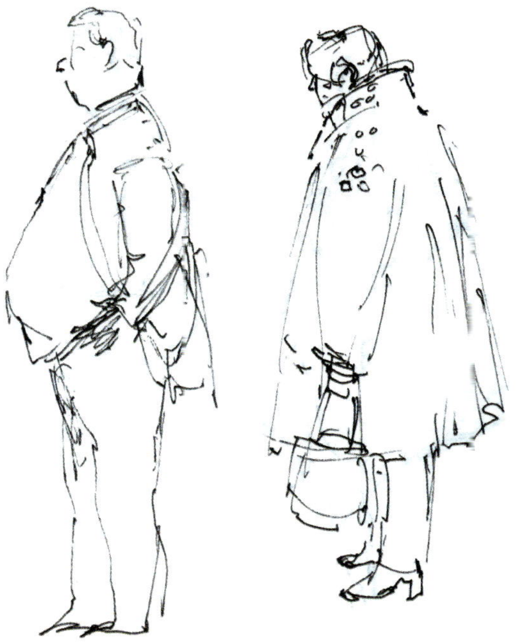

Un croquis rapide et spontané peut souvent être plus expressif qu'un dessin achevé, car il saisit l'essentiel du caractère et du mouvement du personnage.

Les enfants et les bébés

Croquis et dessins sont un merveilleux moyen de saisir ces précieux moments de l'enfance, si vite appelés à disparaître.

Dessiner de jeunes enfants est toujours difficile, car ils ne demeurent jamais immobiles longtemps. Aussi, commencez par dessiner un enfant endormi ou absorbé par son livre favori ou la télévision. Vous aurez, au mieux, une chance sur deux de pouvoir coucher quelque chose sur votre papier ! Quand vous serez plus aguerri, abordez les enfants en mouvement. Là, le secret tient dans la rapidité et la pratique. Si vous avez un enfant chez vous, gardez votre matériel prêt sous la main et essayez de faire un dessin chaque jour. Vous deviendrez de plus en plus rapide et vous trouverez des méthodes qui vous permettront de saisir une pose ou une expression fugitives.

Pour un enfant qui se déplace ou joue, exécutez plusieurs croquis sur la même feuille et progressez de l'un à l'autre. Notez vos impressions avec des traits simples et libres, concentrés sur le contour d'ensemble des formes et les attitudes des sujets. Ne vous souciez pas des détails, comme le visage et les mains.

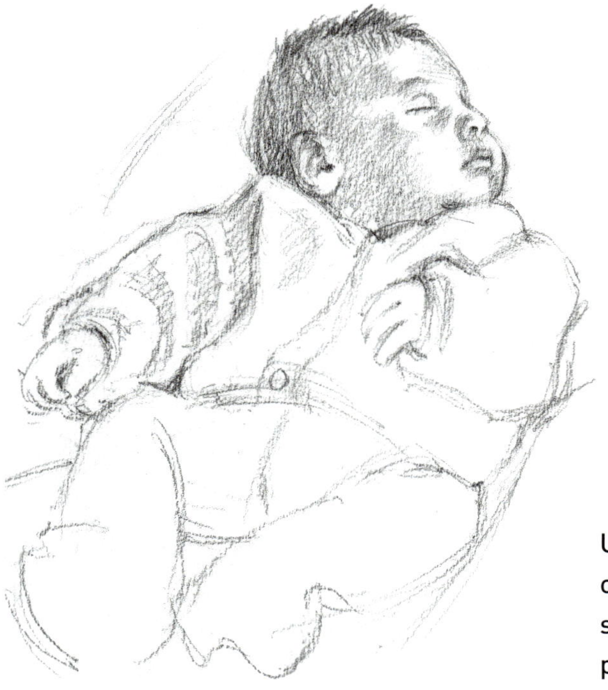

Le choix du matériel

Pour saisir le charme et l'innocence des enfants, leur énergie et leur enthousiasme, il vous faut du matériel d'un usage rapide et sensible. Le crayon tendre est un bon matériel pour « l'instantané » et il peut être écrasé avec le doigt pour produire des tons adoucis.

Un bébé a une grosse tête en comparaison de son corps. Il a les joues larges et arrondies. Ses yeux, son nez et sa bouche sont concentrés dans une petite surface de son visage.

De très rapides dessins peuvent être exécutés en écrasant du pastel tendre ou du fusain, pour délimiter la forme générale de la pose, puis en précisant les détails avec la pointe du bâton. De légers lavis de couleur conviennent parfaitement pour les dessins de bébés et de jeunes enfants. Les contours du visage et du corps sont moins accusés que chez les adultes, aussi seront-ils tracés de façon large et simple.

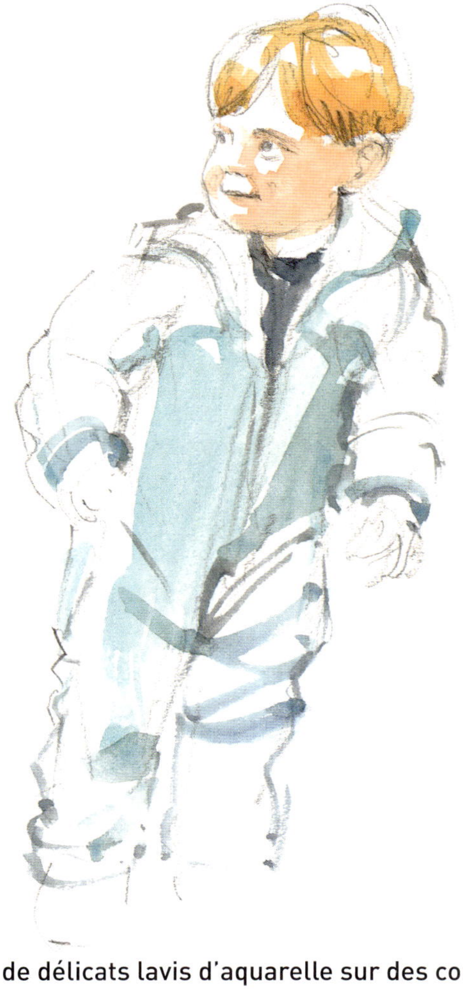

Ici, de délicats lavis d'aquarelle sur des contours légers au crayon créent un dessin attrayant et vivant d'un tout jeune enfant. La pose – la tête tournée, une jambe légèrement levée – traduit le mouvement et l'énergie.

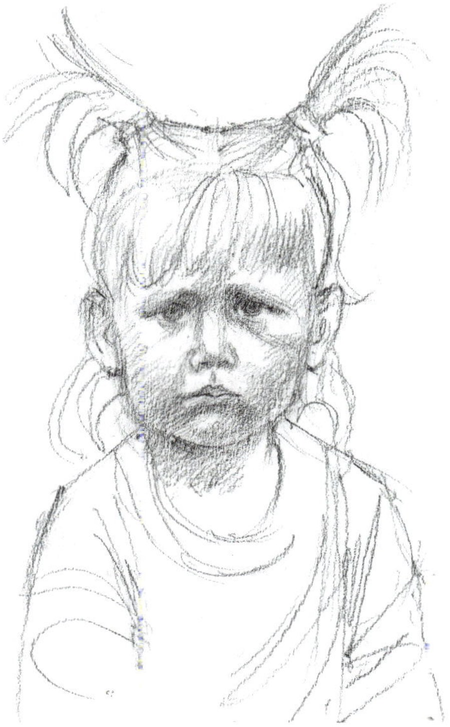

Ces simples croquis au crayon restituent l'innocence de jeunes enfants. En faisant des croquis rapides et sommaires d'enfants en mouvement, vous développerez votre rapidité et vous deviendrez plus à même de saisir l'énergie et la vitalité de vos sujets.

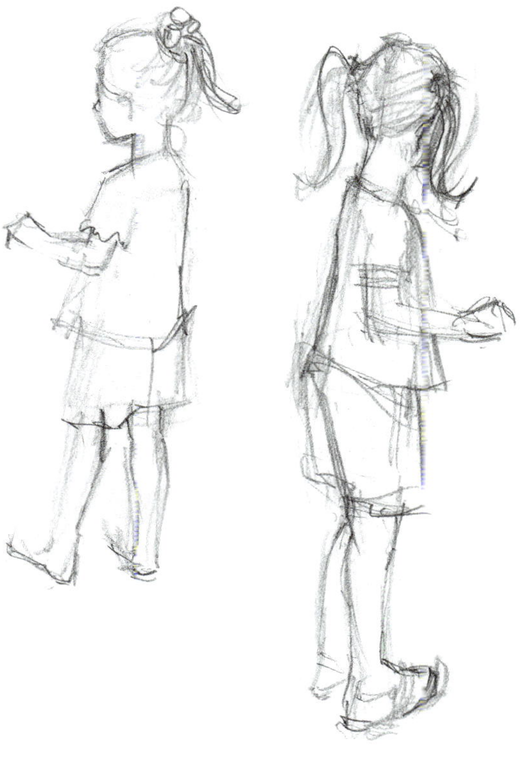

Un portrait à l'aquarelle

L'aquarelle est un excellent outil pour les portraits spontanés. Sa fluidité et sa transparence sont parfaitement adaptées au sujet et rendent bien les délicates couleurs de la peau et de la chevelure.

Pour réaliser des portraits à l'aquarelle, le secret est de travailler avec confiance en utilisant des lavis clairs et frais. Les peintres inexpérimentés commettent souvent l'erreur d'appliquer une couleur trop épaisse, brouillant les tons de la peau ; le résultat est que celle-ci apparaît terne et sans vie. La beauté de l'aquarelle réside dans les lavis délicats et transparents, qui permettent à la lumière de refléter le blanc sous-jacent du papier et traduisent la luminosité de la peau.

Selon la pratique traditionnelle de l'aquarelle, commencez toujours avec des couleurs claires et diluées, et renforcez graduellement les tons par des lavis successifs appliqués l'un sur l'autre. Il est bon d'avoir toujours des couleurs brillantes et fraîches ; pour cela, rincez vos pinceaux après chaque application. Essayez de ne pas brouiller l'image par trop de couleur, et retravaillez votre œuvre le moins possible, pour préserver la délicatesse des lavis.

La peau apparaît plus claire et plus chaude dans les surfaces proéminentes éclairées par la lumière, comme les joues et le front, et plus foncée et froide dans les parties ombrées. Les couleurs chaudes semblent avancer et les couleurs

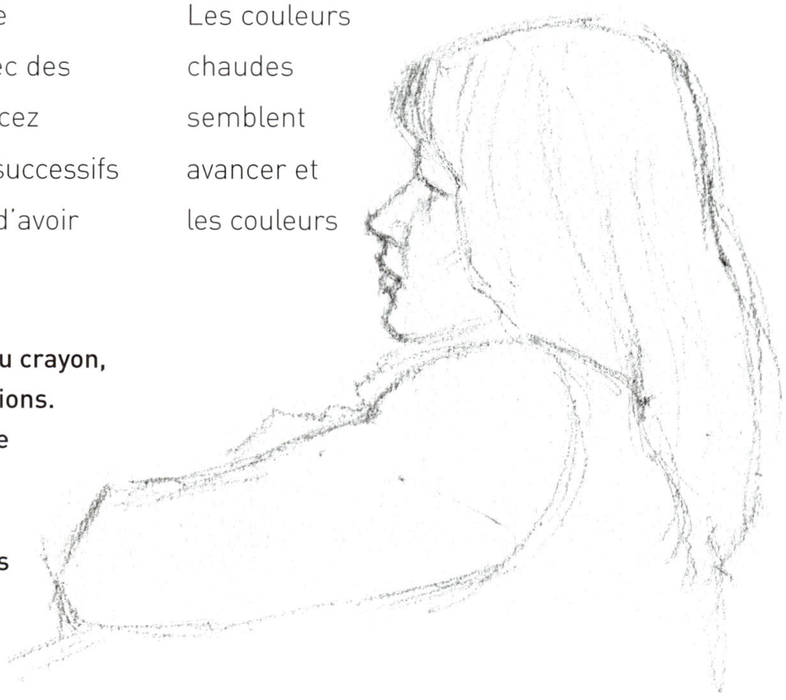

[1] Faites un dessin léger du modèle au crayon, en étudiant soigneusement les proportions. Dans cette pose, le bras est plus proche que le visage et paraît ainsi plus grand par comparaison. Lorsque le dessin sera achevé, gommez les lignes inutiles et laissez une image nette pour guider la peinture, mais qui n'interfère pas sur les légers lavis de couleur.

froides s'éloigner. Utilisez ces contrastes pour modeler les contours du visage et du personnage, comme un sculpteur le fait avec de la terre glaise. Dans ce portrait par exemple, notez les jaunes chauds sur la joue, le menton et l'arête du nez, et les taches subtiles de bleu froid dans les ombres, le visage et le bras.

[2] Humidifiez le visage avec de l'eau et coloriez les tons les plus clairs de la peau. Modelez les contours du visage, du bras et de la chevelure par des lavis successifs de couleurs plus foncées. Gardez sa fluidité à votre peinture, et laissez les couleurs pénétrer dans le papier humide.

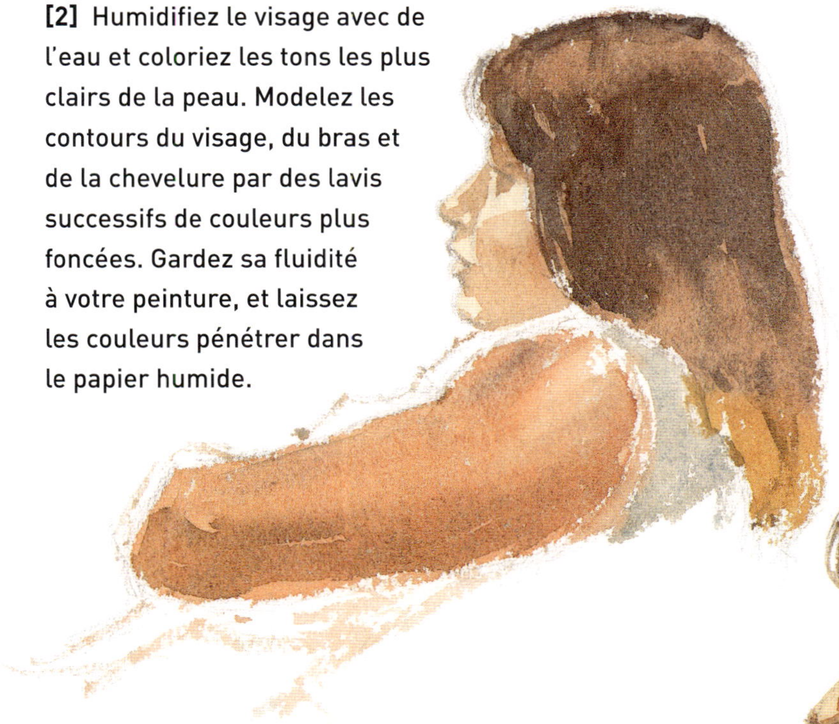

[3] Appliquez franchement vos couleurs et n'ordonnez pas trop vos coups de pinceau, qui doivent rester libres. Le portrait semblera plus vivant avec des coups de pinceau séparés et des contours pas trop rigides, qu'avec un mélange de couleurs.

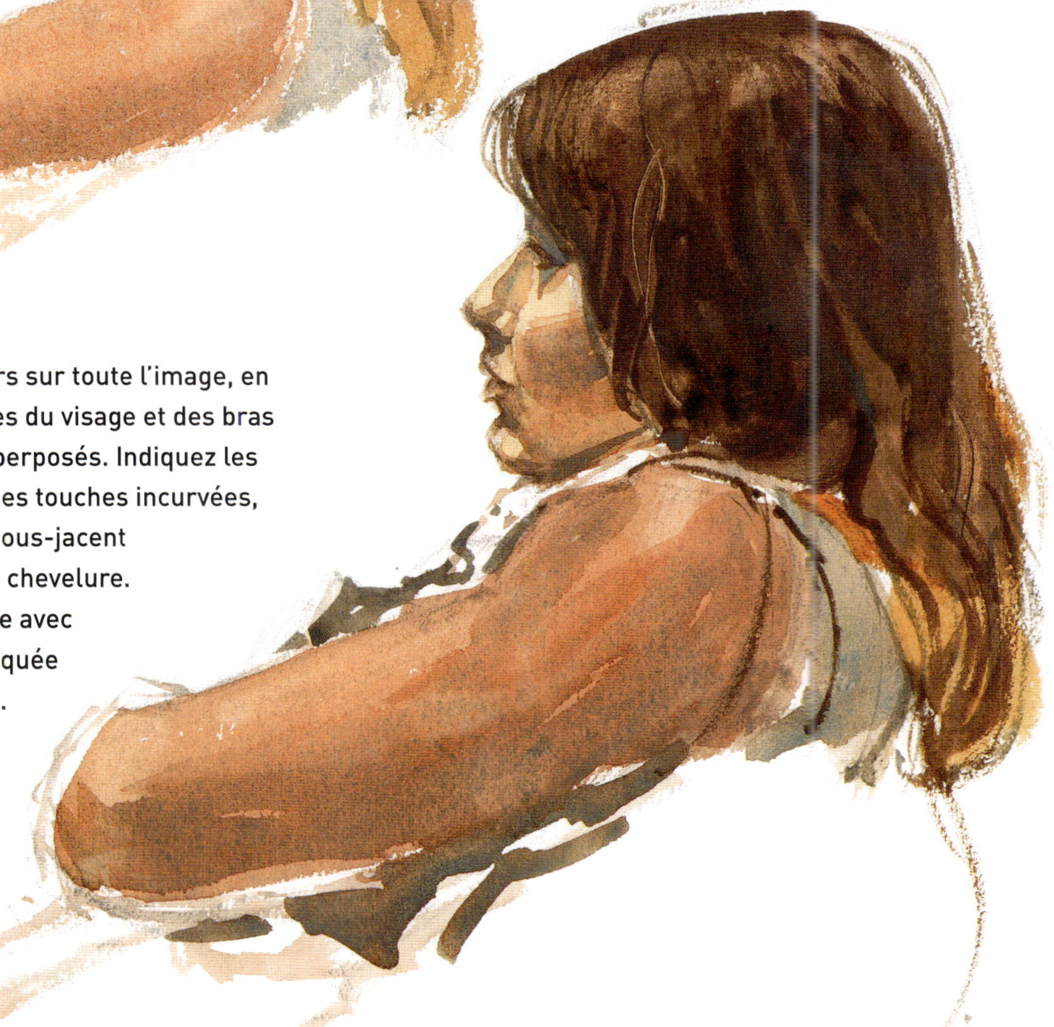

[4] Renforcez les couleurs sur toute l'image, en développant les structures du visage et des bras par une série de lavis superposés. Indiquez les mèches de cheveux par des touches incurvées, en laissant le lavis clair sous-jacent suggérer les reflets de la chevelure. Précisez l'œil et la bouche avec une couleur foncée, appliquée avec la pointe du pinceau.

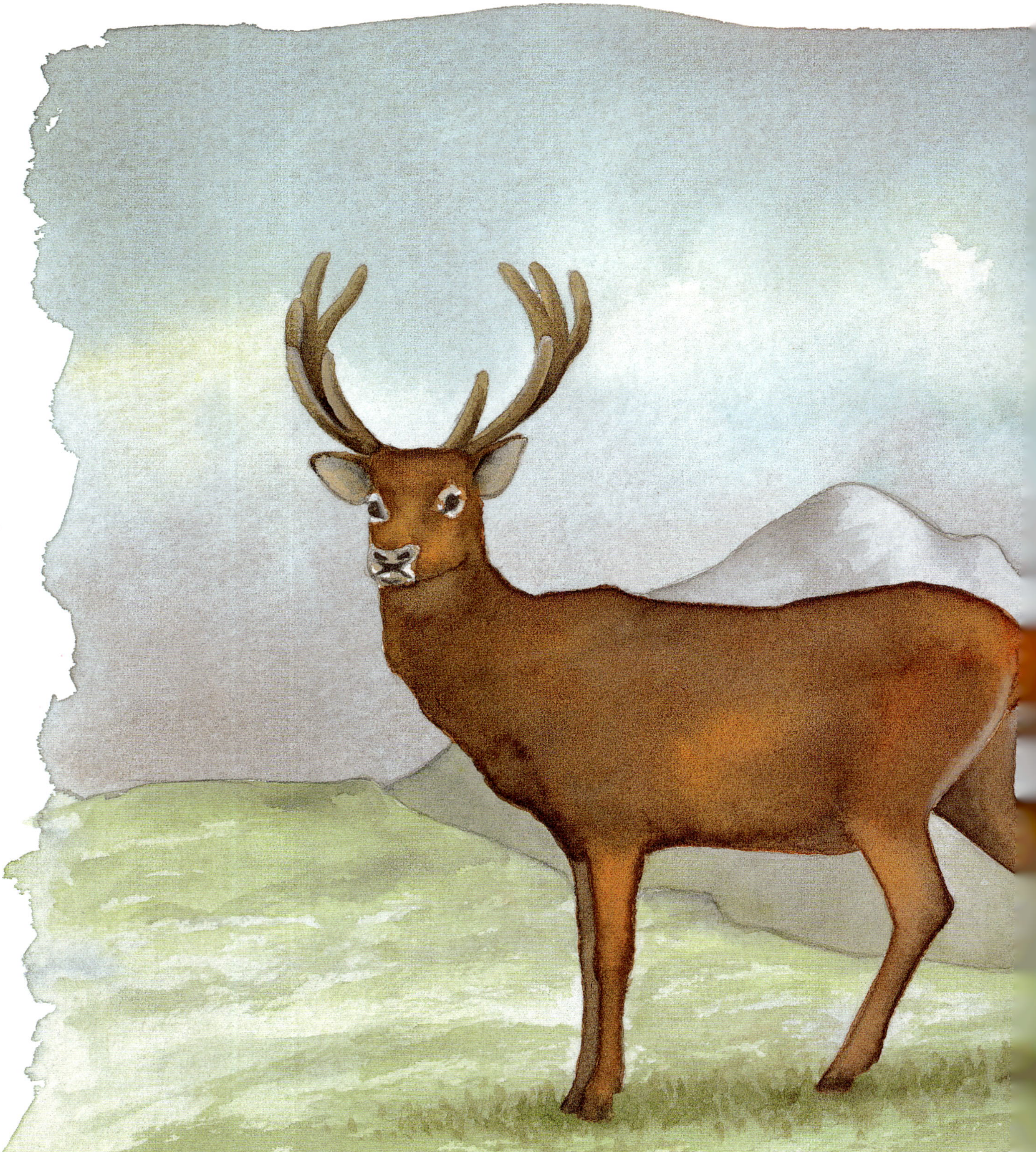

Les animaux

Les animaux sont des modèles parfois difficiles, mais toujours attrayants. Les plumes, les écailles, la fourrure permettent un grand nombre de marques et de textures, à explorer au moyen d'une vaste gamme d'outils et de techniques. Reproduire les comportements des animaux et leurs mouvements développera vos talents d'observation et de maîtrise du dessin.

Dessiner des animaux pose le même problème que le dessin d'enfants : on ne peut leur demander de poser ! Aussi devrez-vous compter sur des croquis préliminaires et une bonne connaissance des structures de l'animal. Commencez par dessiner votre animal familier, qui pourra plus facilement rester immobile. Vous pourrez par la suite aller étudier animaux et oiseaux dans les fermes, dans les zoos ou dans la nature.

Les formes de base

Si vous voulez dessiner des animaux, vous devez apprendre à saisir la façon dont ils se déplacent et se comportent. Consultez des documents d'histoire naturelle et commencez par dessiner d'après des photographies avant d'aborder le dessin de votre animal de compagnie.

Comme pour tout autre sujet, vous pouvez commencer en simplifiant les formes de l'animal placé devant vous. Observez les formes de base ci-dessous : vue de côté, une tête de chat est à peu près ovale et ses oreilles sont de petits triangles allongés. Une tête de chien s'inscrit dans un contour hexagonal, selon la race, et le corps a la forme d'un haricot sec. Tous les animaux peuvent ainsi être réduits à des schémas simples, combinant des formes géométriques : cercles, ovales, triangles et rectangles. Quand vous serez familiarisé avec ces formes de base, il vous sera plus facile de les dessiner sur le vif, avec des lignes fluides et des gestes rythmés, qui saisiront leur grâce et leur mouvement.

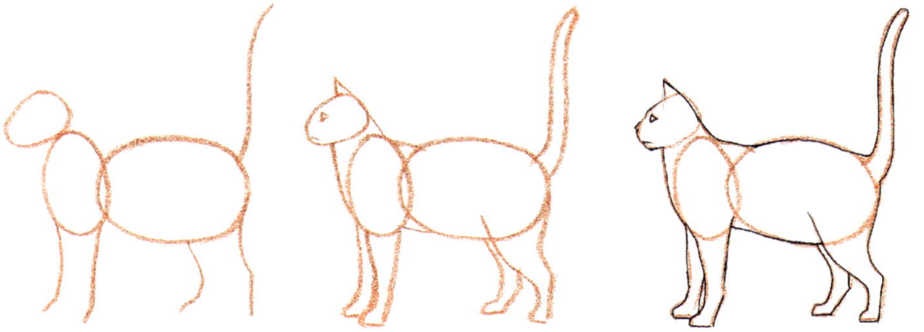

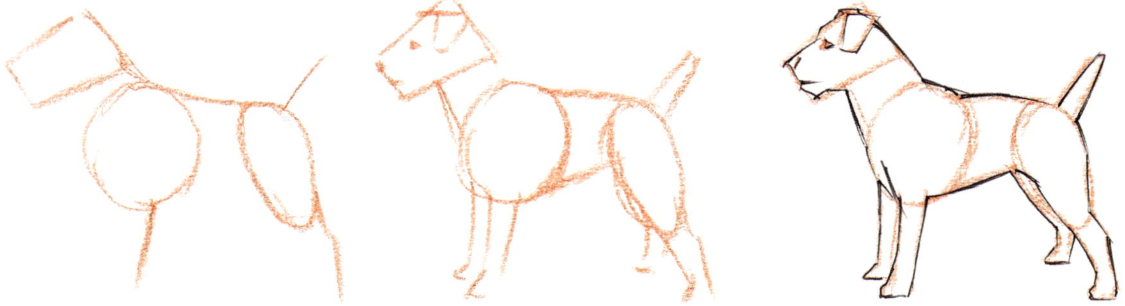

Des dessins de contours simples comme ceux dessinés ici sont amusants à créer. Ils montrent qu'il est possible de dessiner la structure de base de chaque animal, grand ou petit, en le considérant comme un ensemble de formes géométriques réunies. Les vues de côté sont les plus simples pour commencer.

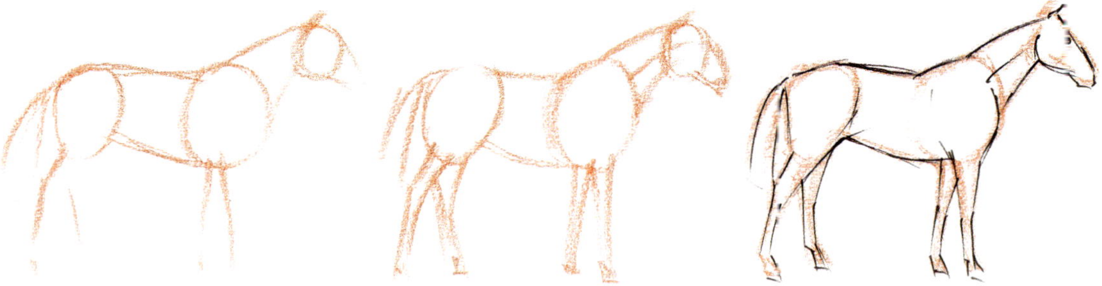

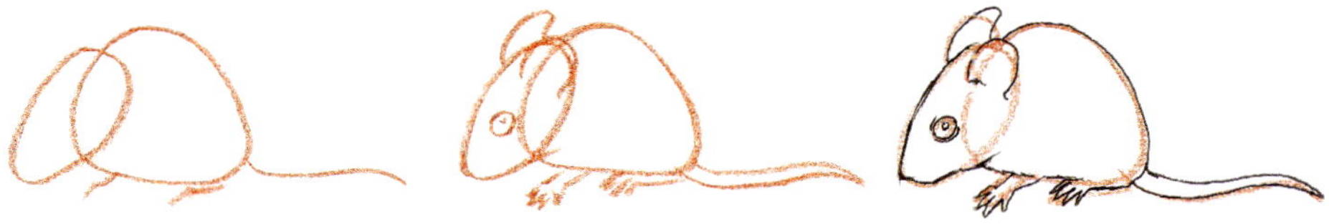

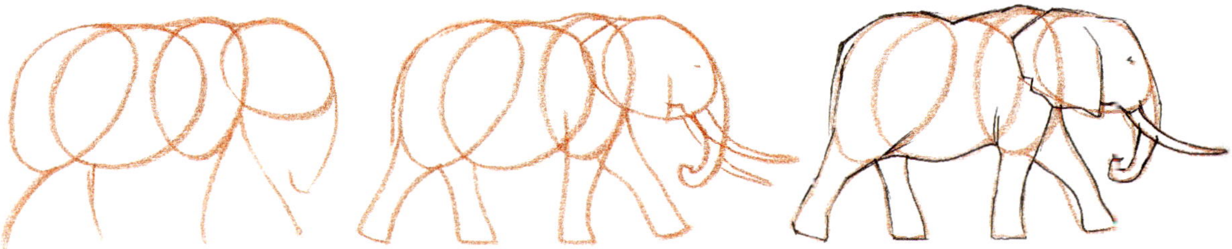

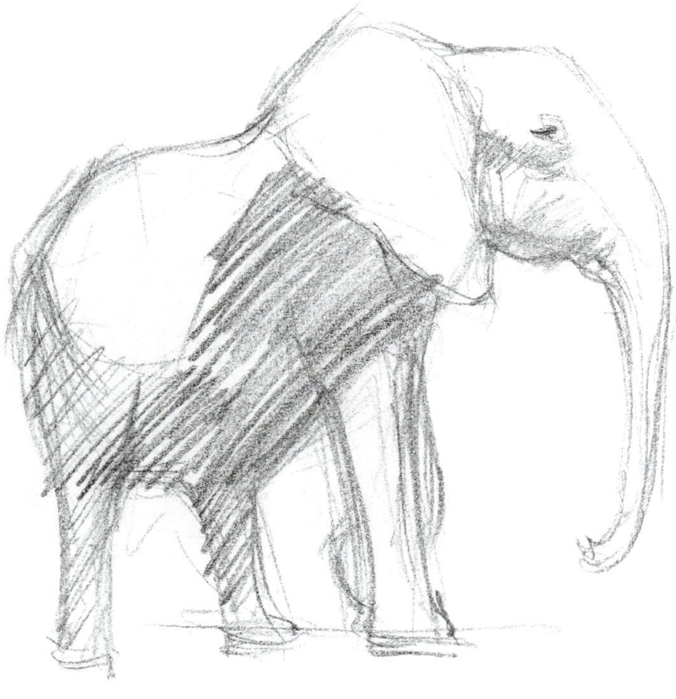

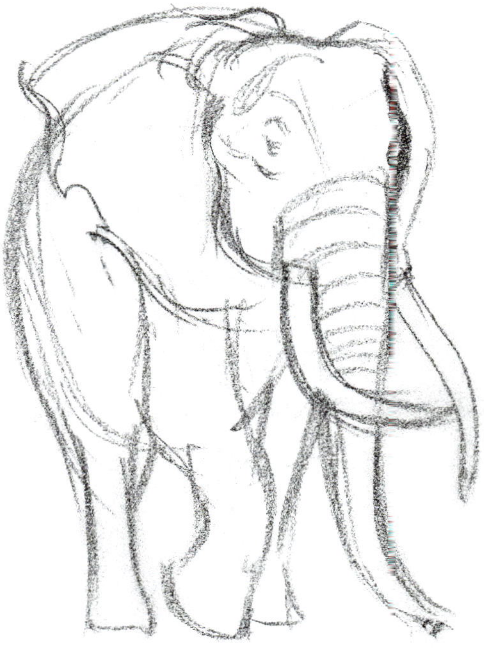

À mesure que vous prenez confiance, dessinez des animaux en mouvement. Observez-les soigneusement pour sentir comment la masse de leur corps se déplace. Puis, à l'aide des formes de base, essayez de trouver les lignes résumant leur mouvement.

Les croquis d'animaux

Les animaux ne restent pas longtemps immobiles, aussi de rapides croquis sont-ils nécessaires en vue d'une peinture définitive. Les animaux de compagnie sont les meilleurs modèles : vous pouvez les étudier quand ils dorment, mangent ou regardent par la fenêtre.

Commencez par dessiner votre chien ou votre chat endormi. Cela vous permet d'observer sa structure et ses proportions. Dessinez ensuite l'animal rapidement et correctement. Essayez ensuite de le représenter faisant sa toilette ; il bougera, mais exécutera une répétition de mouvements qui vous permettront de saisir le rythme de la pose. Prenez plusieurs croquis de mouvements différents en les jetant rapidement sur la page au fur et à mesure qu'il change de position. C'est un exercice assez difficile, mais vous aurez en fin de compte une série d'études intéressantes.

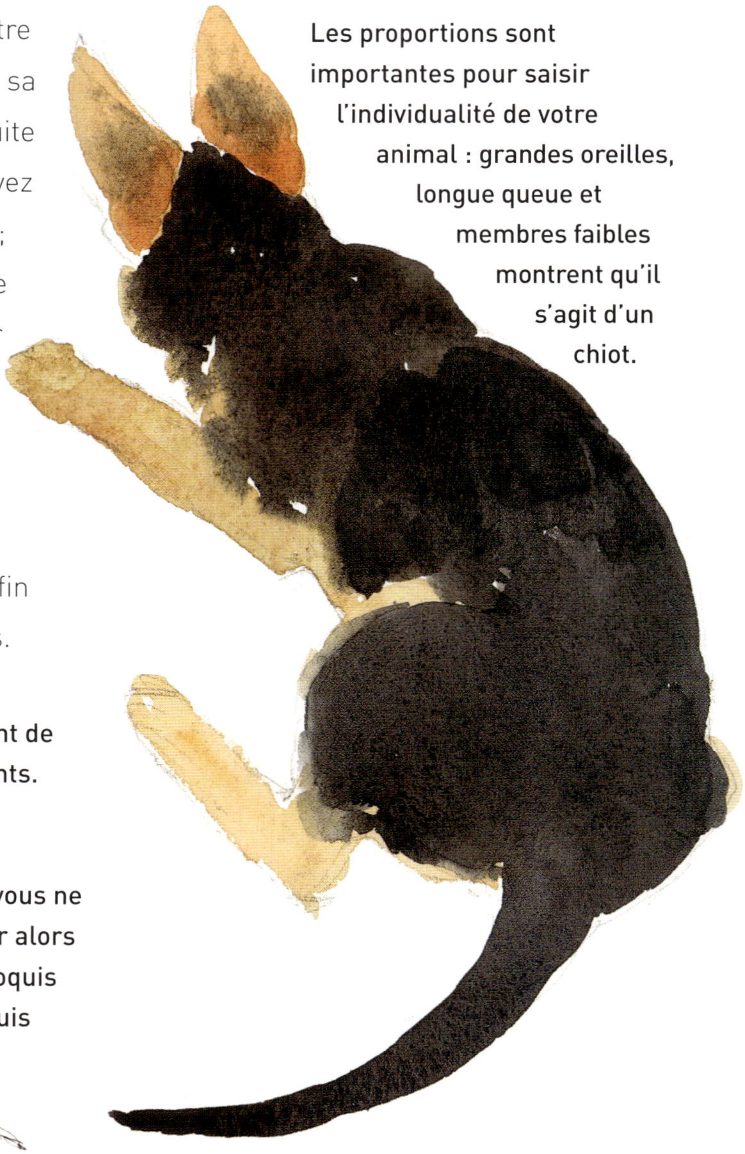

Les proportions sont importantes pour saisir l'individualité de votre animal : grandes oreilles, longue queue et membres faibles montrent qu'il s'agit d'un chiot.

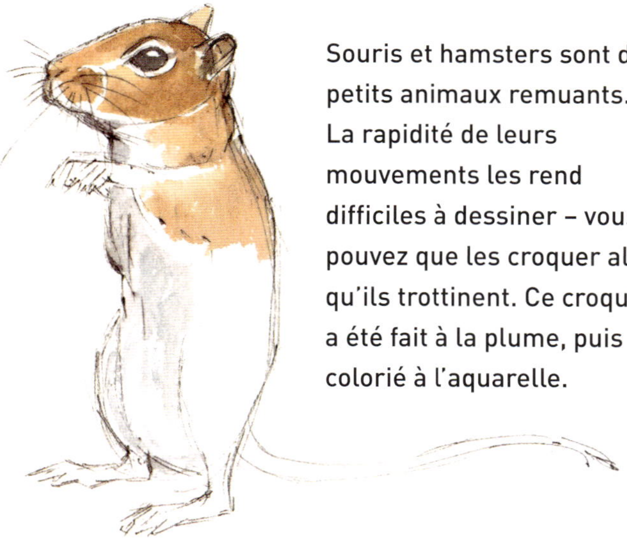

Souris et hamsters sont de petits animaux remuants. La rapidité de leurs mouvements les rend difficiles à dessiner – vous ne pouvez que les croquer alors qu'ils trottinent. Ce croquis a été fait à la plume, puis colorié à l'aquarelle.

Ce portrait d'un chat tigré est exécuté au crayon graphite. Les yeux sont la clef de l'expression et du caractère de tout animal, mais cela vaut en particulier pour les chats, dont les yeux sont si caractéristiques. Commencez votre dessin en définissant la taille et la position des yeux par rapport aux autres traits de la tête.

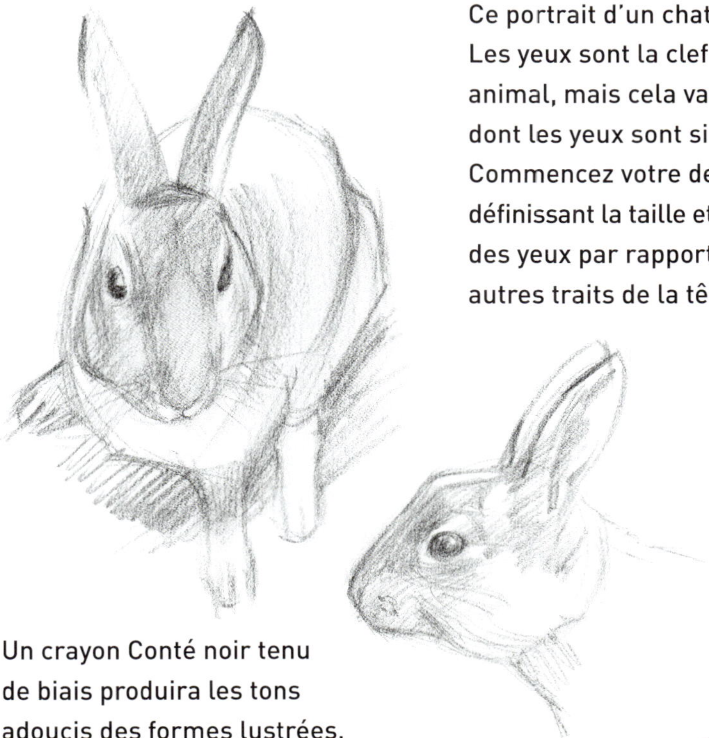

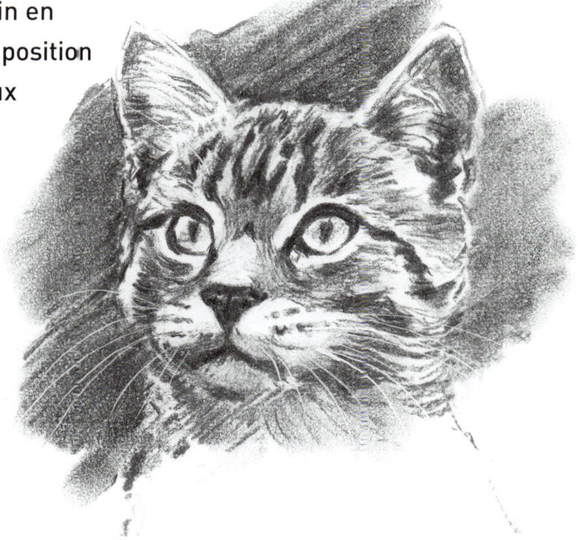

Un crayon Conté noir tenu de biais produira les tons adoucis des formes lustrées, lisses et musculeuses des lapins. Choisissez pour support un papier à gros grain pour suggérer la douceur du pelage.

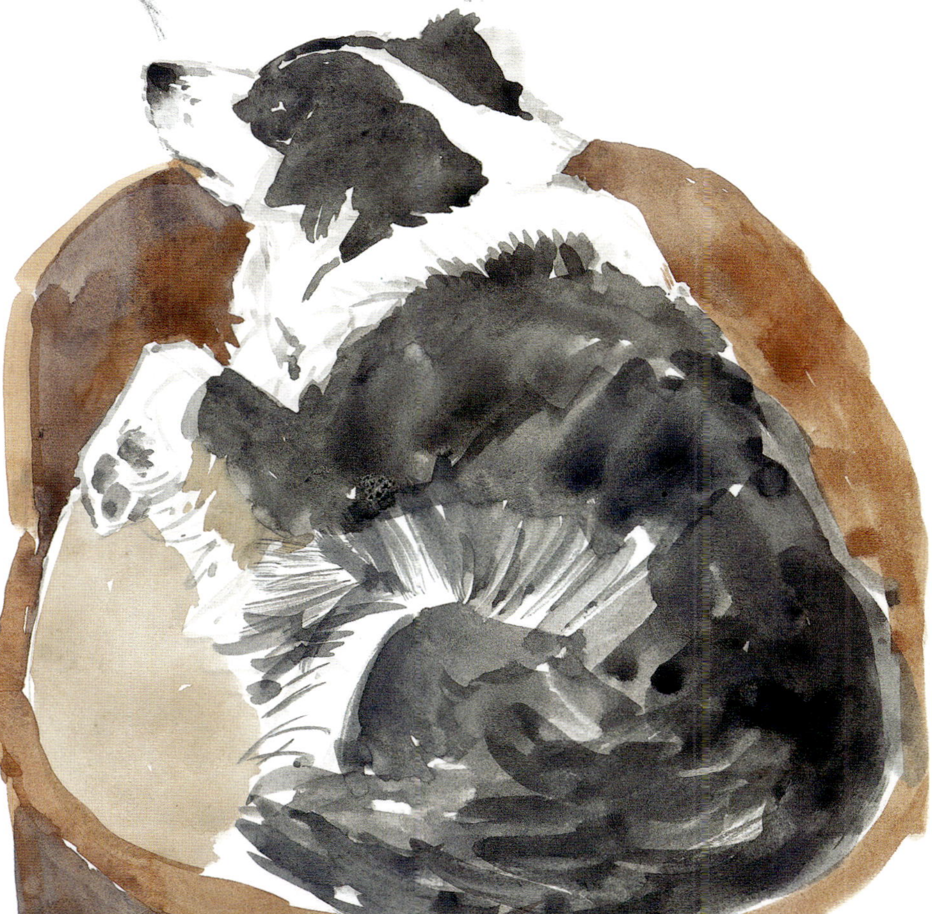

L'aquarelle convient à merveille pour rendre la texture d'un pelage, si vous la traitez en longues surfaces tonales plutôt que d'essayer de peindre chaque poil. Pour rendre l'épaisseur et la rudesse du pelage du chien, appliquez vos coups de pinceau rapidement sur un lavis presque sec.

Textures et détails

Les textures, couleurs et dessins de la fourrure, des plumes ou des écailles sont très intéressants à étudier. Essayez de trouver des traits et des marques les représentant avec exactitude.

Lorsque vous commencerez à dessiner un animal, vous vous apercevrez que sa forme, son pelage ou son plumage peut vous aider à suggérer son corps. Les rayures d'un tigre ou d'un chat tigré, par exemple, suivent les contours du corps. Dessinez d'abord la forme globale du corps. Vous passerez aux détails ensuite. Si vous essayez de dessiner chaque rayure d'un tigre, chaque poil d'un chat ou chaque plume d'un oiseau, vos dessins paraîtront sans vie et surchargés.

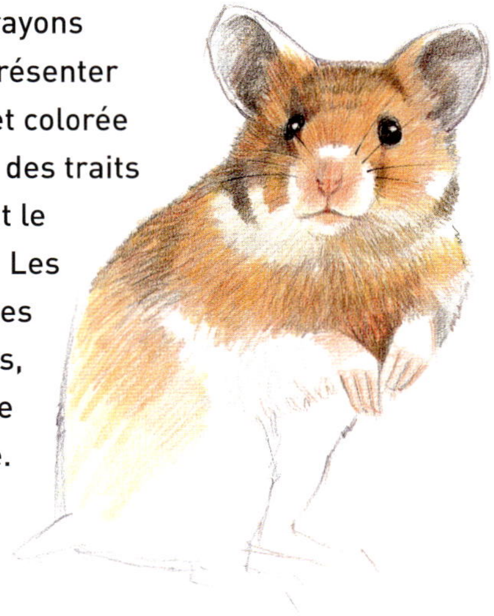

On a employé des crayons de couleur pour représenter la fourrure lustrée et colorée de ce hamster, avec des traits courts et fins suivant le contour des formes. Les légers reflets dans les yeux sont importants, car ils permettent de rendre leur luisance.

Il est essentiel d'acquérir une façon rapide de représenter la texture et les dessins d'une fourrure ou d'un plumage. Observez la place des dessins sur le corps et utilisez-les pour accentuer la forme de l'animal aux points importants de sa structure, comme la tête, les épaules ou la croupe. L'œil comble inconsciemment les vides ; aussi quelques traits, même imprécis, seront-ils interprétés comme un motif complet ou une fourrure.

Soyez expressif dans vos traits de crayon et de pinceau, pour suggérer une texture. Ainsi, une fourrure courte est indiquée par des lignes hachurées ; des variations de tons

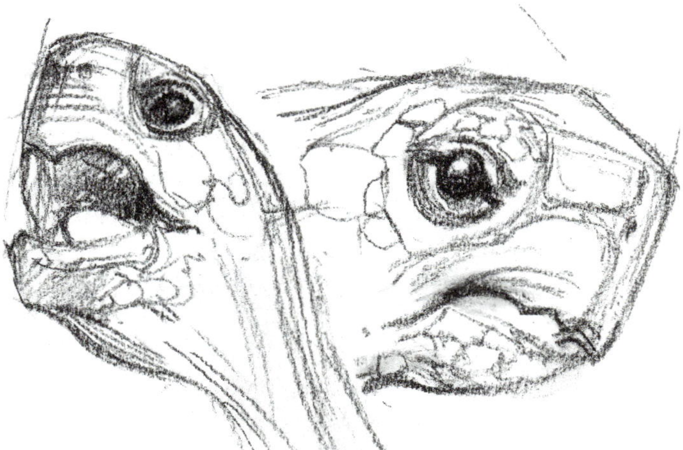

Pour dessiner la peau rugueuse des reptiles, une simple indication de la disposition des écailles sera plus appropriée qu'une reproduction minutieuse de chacun de leurs détails.

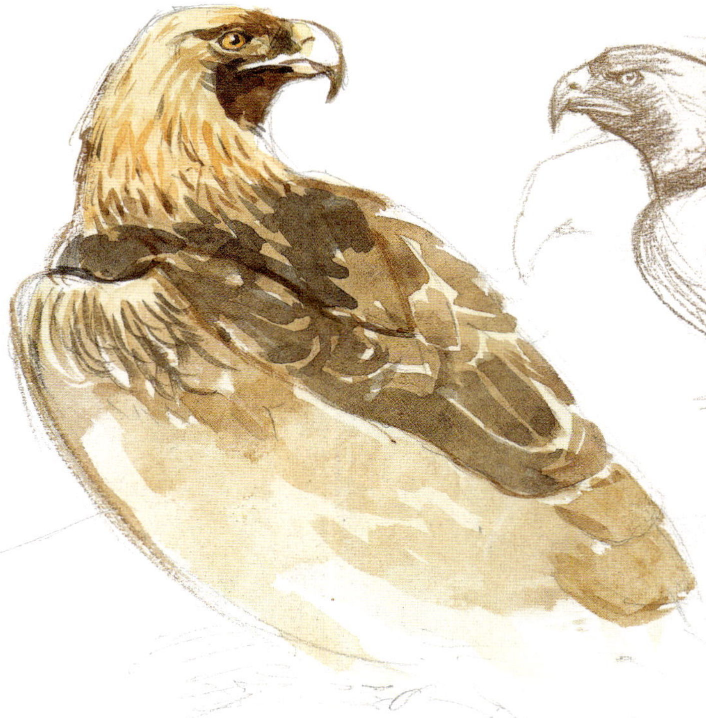

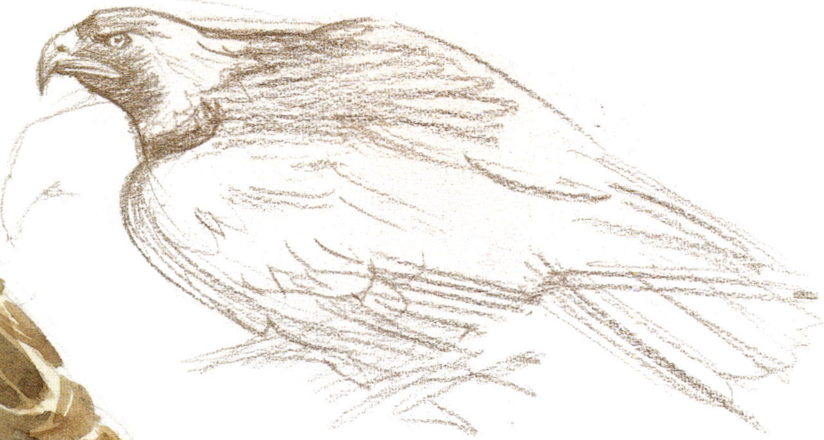

Il est possible de saisir la formidable beauté d'un grand oiseau de proie dans un zoo. L'aquarelle permet de bien enregistrer des impressions détaillées et de rendre, avec délicatesse et liberté, la masse de l'oiseau, ainsi que la disposition de son plumage.

s'obtiennent en dosant la densité et la pression des traits. Pour les animaux à pelage épais et lisse, procédez par larges surfaces colorées, avec des lignes occasionnelles pour en indiquer le sens. Veillez aussi aux ombres et aux reflets, car ils aident à indiquer la structure sous-jacente du corps.

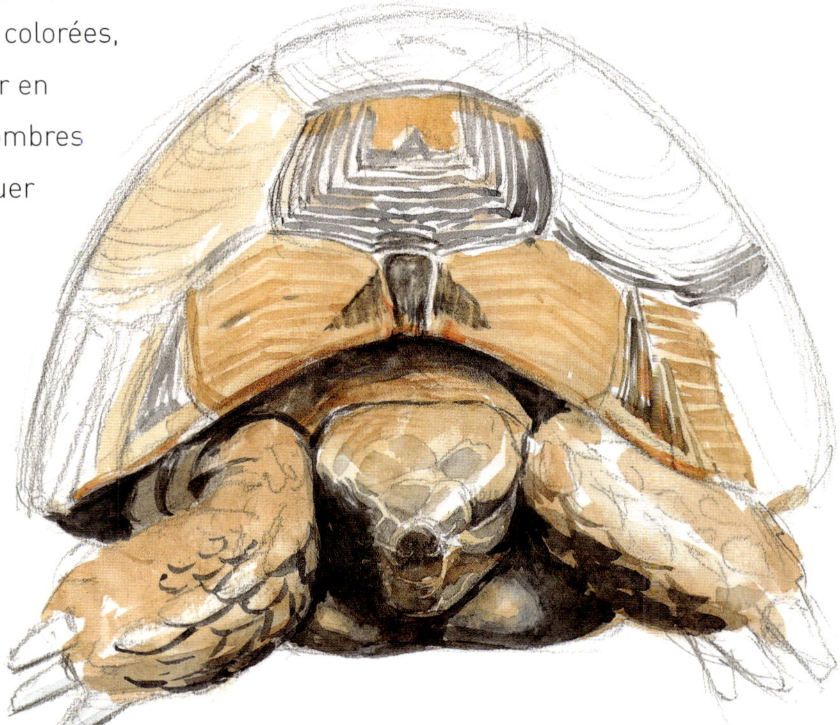

Les spirales et les arêtes complexes d'une carapace de tortue sont un régal pour le dessinateur. Cependant, ne reproduisez pas chaque écaille. Dans cette étude, les lavis de couleur ont suggéré librement les motifs et leur disposition sur le corps de l'animal.

Un cerf à l'aquarelle

Pour peindre un animal comme le cerf, il vous faudra des références photographiques, à la fois sur le sujet et sur le milieu où l'on peut le rencontrer. Vous pourrez aussi avec profit en faire des croquis dans un zoo ou un parc animalier. Faites-le si vous en avez la possibilité.

Les dessins et peintures réalisés d'après des photographies ont tendance à être plus raides que ceux qui sont exécutés spontanément. Mais à l'aide de photographies, il est possible d'étudier des détails que l'on ne peut distinguer chez un animal se déplaçant rapidement. Si votre peinture se veut plus exacte, placez votre sujet dans son environnement naturel, il y gagnera en intérêt. Si vous vous spécialisez sur un animal particulier, étudiez son habitat et prenez de nombreux croquis, qui vous serviront plus tard pour des décors. Observez les animaux pour savoir s'ils se déplacent en groupes ou préfèrent être seuls. Cela donne plus d'authenticité à votre travail.

Dans cet exemple, le cerf est placé sur un arrière-plan de montagnes, plus dynamique qu'un paysage plat. Les montagnes accompagnent la hauteur de la ramure du cerf et la forme du paysage a été utilisée pour créer de nouvelles formes sous le corps de l'animal.

[1] Dessinez les contours de l'animal avec un crayon tendre. Pensez à l'arrière-plan et à la façon dont vous pourrez combler les espaces vides. Les montagnes équilibrent la ramure du cerf. La tête étant placée sur le ciel ouvert, il est plus aisé d'attirer le regard sur elle, car elle constitue le principal centre d'intérêt.

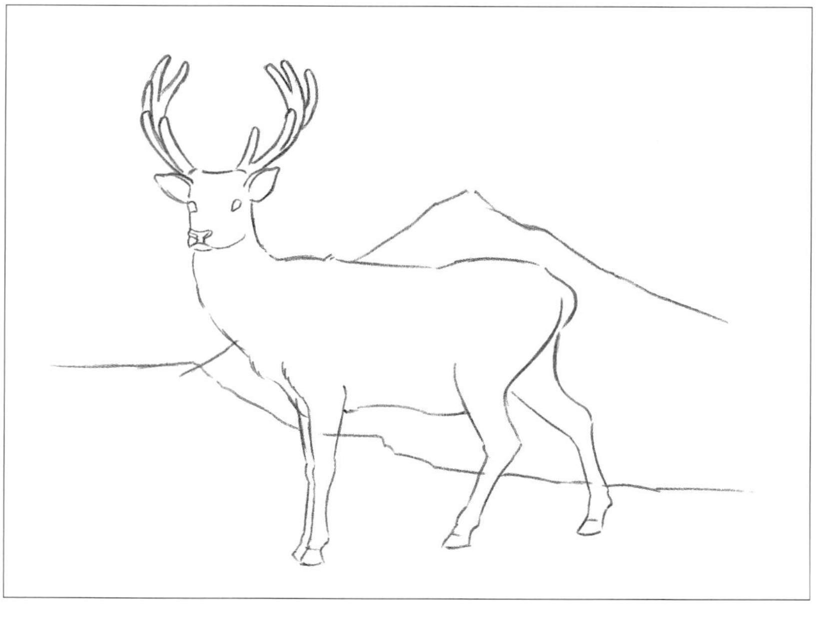

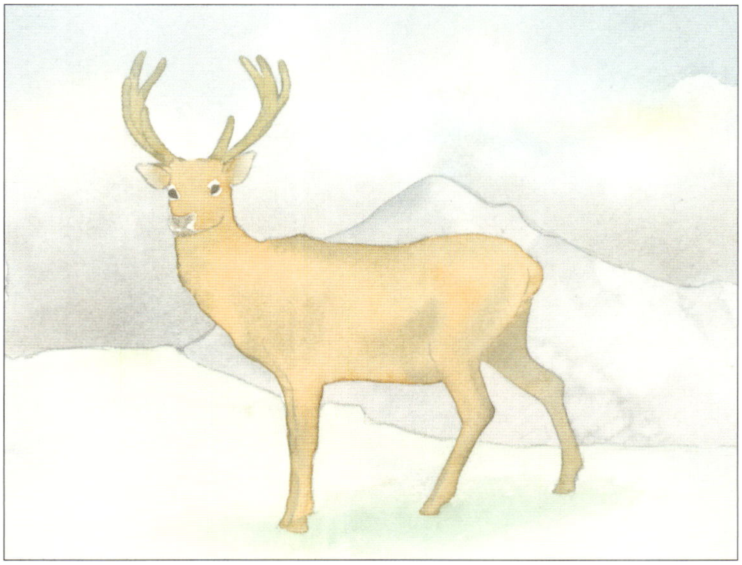

[2] Couvrez l'arrière-plan au lavis, selon la technique « humide sur humide ». Le ciel peut être interprété en laissant des espaces de papier blanc et en ajoutant des touches de jaunes et de terre de Sienne pour créer des contrastes et des reliefs. Suggérez les ombres sous l'animal par des lavis de vert et donnez une couleur de base en passant de la terre de Sienne brûlée. Réservez des reflets autour des yeux, de la bouche et des oreilles.

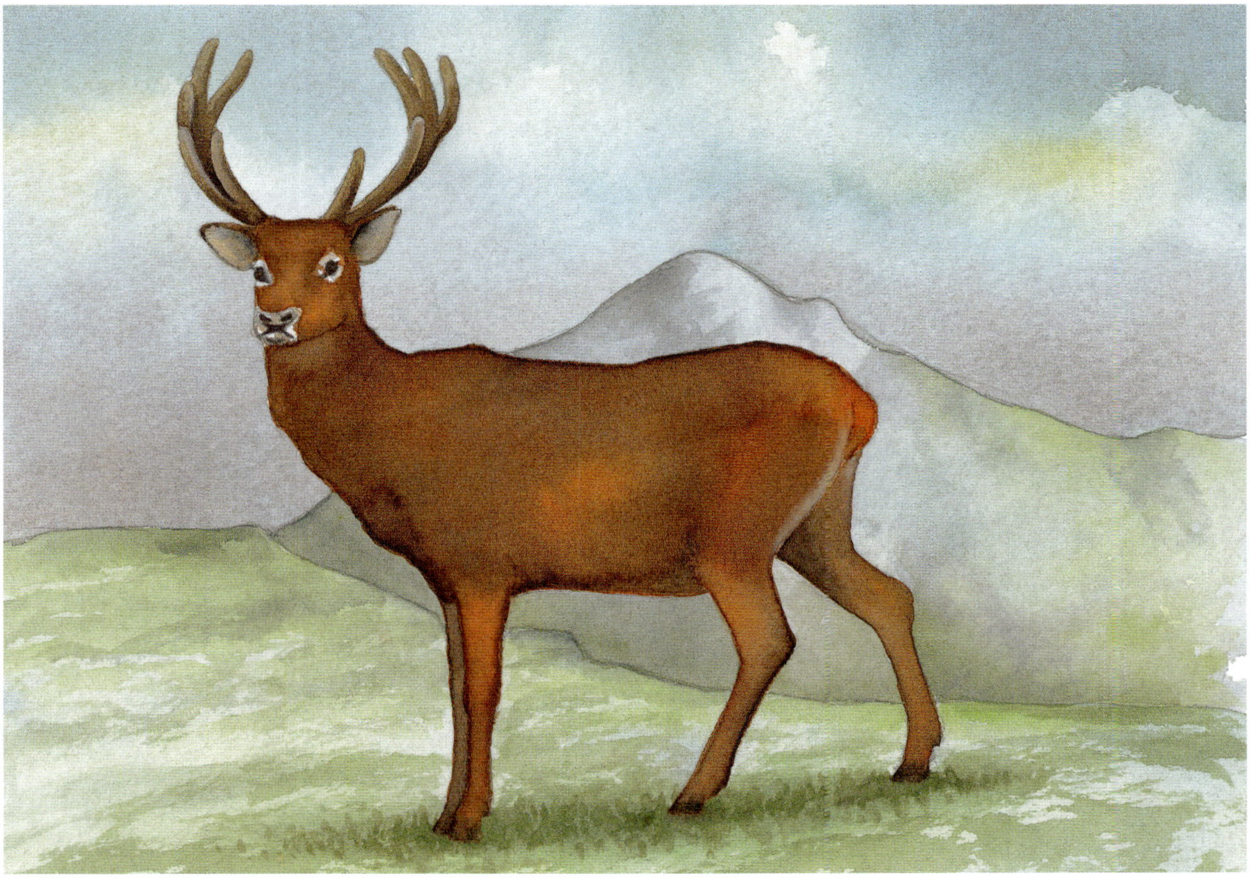

[3] Précisez la forme générale du cerf par des couches de terre de Sienne ou de terre d'ombre, en créant des couleurs plus foncées par des mélanges plutôt qu'avec du noir, qui rendrait plus terne votre peinture. Lorsque vous serez satisfait de l'équilibre de couleur et de ton dans l'ensemble de la peinture, ajoutez les détails comme les yeux et les naseaux avec un pinceau plus fin.

Peindre les animaux

Les animaux peuvent être des sujets de peinture passionnants. Il est tout aussi important de saisir leurs caractères que lorsque vous peignez des personnages. Mieux vous connaîtrez la structure, le mouvement et le comportement des espèces, et mieux vous les peindrez.

1. Tout d'abord, prenez de rapides croquis. Faites-vous à l'idée que l'animal va sans doute bouger au moment où vous vous occuperez d'un détail particulièrement important de son pelage ou de sa structure. Ne soyez pas alors de mauvaise humeur, vous lui communiqueriez votre tension.

2. Servez-vous de photographies. Bien qu'il vaille mieux observer directement l'animal, les photographies vous ôtent un souci, car vous avez avec elles un bon matériel de référence. Utilisées en même temps que l'observation directe, elle vous procureront une meilleure connaissance de la structure et de la texture de l'animal. Observez simplement votre animal, cela vous fera prendre conscience de l'interaction du squelette et des muscles.

3. Analysez le sens et les dessins du pelage de l'animal. Cela vous aidera à connaître sa structure sous-jacente. Si vous donnez un mauvais sens au pelage, vous n'obtiendrez pas un résultat satisfaisant. Observez-le soigneusement avant de commencer à dessiner.

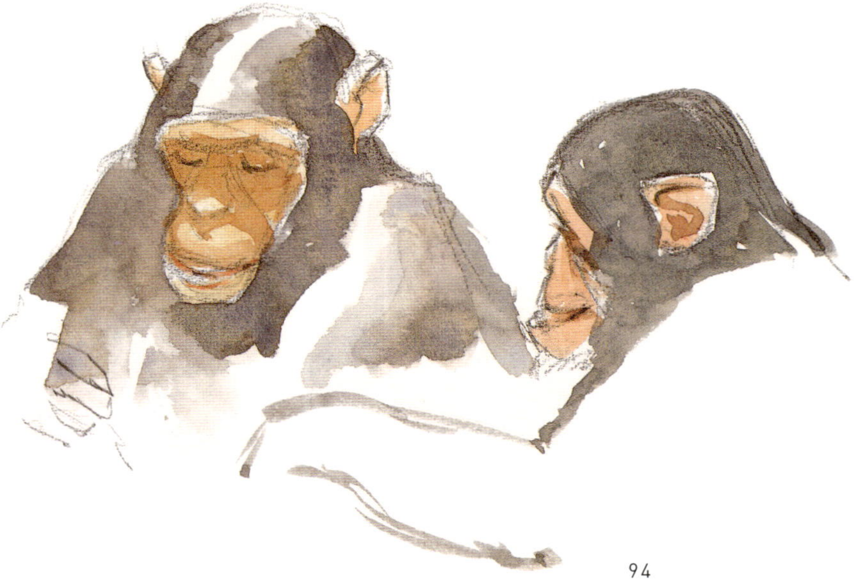

Une bonne visite au zoo a permis de dessiner ces deux jeunes singes au crayon et à l'aquarelle, en se limitant aux têtes et en suggérant les corps par des lignes sommaires.

4. Créez une sensation d'individualité. Les propriétaires d'animaux connaissent leurs caractéristiques propres. Ne peignez pas suivant une formule préétablie. Étudiez l'animal, essayez de pénétrer son caractère et de le traduire dans votre dessin, comme vous le feriez pour un portrait humain.

5. Étudiez la structure des animaux que vous voulez peindre. Il est bon de savoir comment les membres s'articulent sur le corps. Il est souvent difficile de saisir les pattes d'un animal, car elles sont parfois cachées par sa fourrure et il bouge constamment. Consultez vos ouvrages de zoologie et vos photographies avant de réaliser vos études, et tachez de saisir réellement votre sujet.

6. Suivant l'espèce de l'animal, sa queue est un indicateur de son humeur. Prenez soin de ne pas le dessiner s'il vient juste de se la faire coincer ! Elle est une prolongation de l'épine dorsale et peut être un élégant balancier. Laissez-la prendre sa position normale.

7. Suggérez l'échelle. Nous savons tous qu'un éléphant est gros et une souris petite, mais il y a beaucoup d'espèces que nous connaissons mal et d'autres dont les tailles varient. Aussi sera-t-il bon d'introduire dans votre peinture un élément indiquant l'échelle du sujet. Vous pouvez ajouter un gardien de zoo surveillant un enclos ou une plante.

8. Pensez à votre point de vue. Si vous observez un animal à partir d'une orientation particulière ou d'un point de vue privilégié, il n'est pas obligatoire de le peindre sous cet angle. Que pensez-vous de votre chat vu de dessous par un œil de souris ou du museau d'une vache observé sous la surface de l'eau alors qu'il va s'y plonger ? Vous obtiendrez là une composition très intéressante

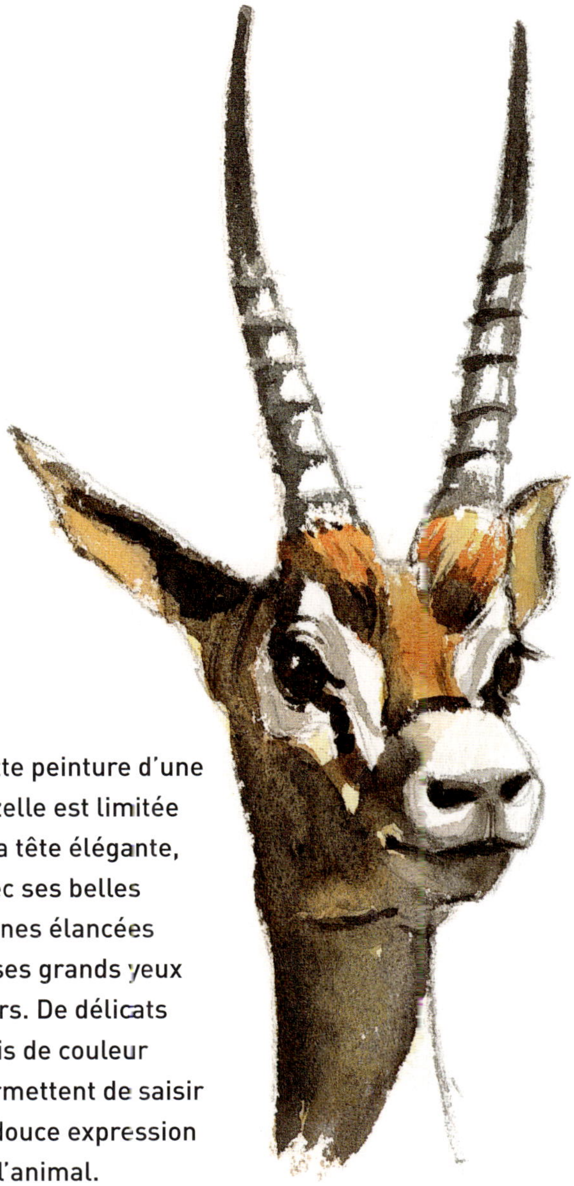

Cette peinture d'une gazelle est limitée à sa tête élégante, avec ses belles cornes élancées et ses grands yeux noirs. De délicats lavis de couleur permettent de saisir la douce expression de l'animal.

Index